U0078280

慈禧太后演義

帝國暮年的權與術

Romance of Empress Dowager Cixi

亂世中的女皇，舊政與新綱的交鋒

蔡東藩 —— 著

在那男尊女卑的時代，
女性如何在權力中心扮演決定性角色？

從親政和制定國策到面對八國聯軍入侵和義和團失控
每一事件都影響著慈禧太后的統治與清朝的命運
她的故事，是一部關於生存、權力和變革的史詩

目錄

目錄

目錄

祝慈嘏先期備盛典　聞敗報降旨罷隆儀

卻說西太后六旬萬壽，乃是光緒二十年十月十日。當光緒十九年冬季，已奉旨籌備典禮。一過新年，即加恩封賞宗室外藩王公，及中外文武大臣。至宮內妃嬪人等，亦一律晉封。瑾嬪晉封瑾妃，珍嬪晉封珍妃，此外照例遞升，毋庸細說。又命各省將軍督撫，酌派二三員來京，慶祝太后萬壽，著於十月初一日以前到京。各省陸續復旨，共計四十一人。只西安將軍榮祿願親自來京祝嘏，奉旨俞允，並令即日起程。小子於前冊中，曾敘過榮祿受譴，驅逐回籍，如何此刻卻外授西安將軍？原來榮祿本西太后功臣，西太后把他攆出，也是一時憤怒，不便姑息。嗣因與東太后有嫌，疑他無辜受害，統見第十六回。遂於東太后崩逝後，起任西安將軍。榮祿感恩圖報，奉到派員祝嘏的諭旨，即自請入都慶祝。西太后記念前功，立即宣召。

至榮祿到京，適值內務府籌集經費，因庫款支絀，授意內外各員捐俸效誠。各大臣正在集議，或擬提出十分之一，或擬提出十分之二，榮祿一到，請增至十分之三。各員雖有意巴結，無如一年俸銀，十成中驟去三成，未免有些顧惜，不能一律應允。嗣經大眾公酌，定了百分之二十五。榮祿尚嫌未足，只因不好違眾，於捐俸二成五之外，更費了好幾萬銀子，購得許多金銀珍寶，先行奉獻，赴園謁西太后時，即將禮單呈奉。西太后慈顏大悅，即命賞收，吾聞有毀家紓難者，未聞有毀家祝壽也。且飭復步軍統領原職。小往大來。

過了數日，榮祿奉懿旨赴熱河。看官你道何故?原來頤和園告成後，經李蓮英督辦供奉，陳設整齊。西太后因萬壽期近，還想特別鋪張，回憶熱河行宮寶藏甚多，特命榮祿前去檢選，運載入京。榮祿星夜前往，不到一月，已將寶藏載到，統計一百八十巨車，珍奇古玩共二萬數千具。小子未嘗親睹，只據宮眷相傳說，有幾種品物乃是罕世奇珍:有一碧桃高逾丈，根柯統用寶石，葉皆翠玉，枝上百餘桃纍纍下垂，盡紅椵色，每桃約重四五兩;又有玉製的明皇墜馬圖，大越數尺，鬚髮袍靴俱備，形容畢肖，而且袍角掀起，丹裡略露，彷佛斜墜狀;還有一件春宮祕戲，人物統用玉琢成，暗藏機械，用手按之肢體自動，眉目如生。這真是巧奪天工的玩具。宮中需此何為？當下將各種珍品，勻設各殿，頓時五光六色，眩目奪神。又傳內務府督領工役，從頤和園至紫禁城，相距數十里間，統要搭蓋燈柵，建設經壇；並預製各色花燈，務期玲瓏精巧，華採喬皇。再令樂工演習燈舞，以熟能生巧為佳。向例元宵及萬壽節，令樂工衣五色衣，各執五色燈，分行成字，凡數十變，有太平萬歲、萬壽無疆等字。此次預飭練習，精益求精。還要在頤和園內建一所極大的牌樓，作為聖母萬壽紀念。更飭喇嘛僧帶領僧眾，於十月朔日起，虔誠赴壇，捧誦壽生真經。內而宮禁，外而頤和園，長幼，男女，貴賤，主僕，統令報明衣服尺寸，叫織造府趕製新衣。種種忙亂，筆難盡述。極寫奢華，反襯下文。

西太后恰無所事事，憑著心思靈巧，增訂一幅列仙慶壽圖，預為萬壽期間的玩意兒。什麼叫做列仙慶壽圖？把列仙傳人物，選出幾個，先用骰子擲點，某點為某仙，由入局者分認，大意與升官圖相同。從前乾隆年間，高宗純皇帝創製此圖，每當新年慶賀期內，與后妃人等，擲骰消閒。圖中有貝闕、瀛洲、蓬島、瑤池諸類，不一而足。西太后易以實名，將中國地圖作為標記，以頤和園為萬壽宮，從各省起馬，先到萬壽宮者，列席大賀。下手之法：用牙籤作籌，對徑約寸半，厚約二分半，上鐫仙名；每人各執一籌，擲骰認點，點多者進行最捷，點少者逗留不得前；逗留數次，例須流配，出局登出。入局的人愈多愈佳，最少用八人，即以八仙為記號。居然自命為王母。若不得已只有四人，則每人執兩籌，當作八人之數。西太后改制既成，便與宮眷試博，頗覺便利。

這時候，最得慈寵的宮眷，一個係榮壽公主，就是恭親王的女兒。見第十三回。她從前曾嫁額駙志端。志端早卒，只有一子麟光，承襲先代世爵。公主青年守孀，本為太后養女，至是越加憐惜，令她侍直園中。較前尤詳。一個系醇王福晉，便是西太后的親妹子。自光緒帝嗣立，醇王福晉，嘗出入宮禁，西太后賜坐杏黃轎，她卻秉性謙沖，仍不敢用。受教醇王久矣。西太后退養頤和園，福晉也常去問安，所以時依左右。一個系步軍統領榮祿的妻室，榮祿入京，重得慈眷，其妻亦奉召入園，隨時承值。一個系將來大阿哥溥儁之母，即端郡王載漪的福晉。她本是阿拉善王的女兒，雅善詞令，能伺西太后意旨，太后至佛香閣拜佛，她嘗親為扶輿。為後文伏筆。一個系李總監蓮英的妹子，芳年二八，姿色可人，因蓮英得寵，乘機隨入，聰明狡黠，不亞乃兄，以此得太后歡心，嘗呼為大姑娘而不名。自有這數人希旨承顏，樂得西太后意恬神適。西太后遂自加徽號，令承直人等統稱她作老佛爺，或稱她作老祖宗。這也不在話下。

只是西太后性好繁華，滿擬萬壽屆期，做一場曠古未有的盛事。從新年起，籌備到四五月間，已是大致楚楚。四境到也帖然，獨英人得緬甸後，侵入雲南西徼，占去邊境數百里，虧得駐英使臣薛福成，夙嫻應對，向英外部抗議數回，爭回滇邊龍川江中的大洲，及蠻募土司與野人山的昔馬地；又收還孟連、江洪、兩土司的上邦權，立滇緬條約二十款，還算是亡羊補牢的良策。不沒薛使。隨後駐美使臣楊儒，因美人限制華工，與美政府訂約六條。在美之華工，不得虐待，未至美之華工，自行禁止，也算和平了結。此外如湖南會匪鄧世恩等，竄入江西，永北廳匪丁洪潰等，滋擾川滇邊境，都是麼麼小丑，不值一戰。當由江西巡撫德馨，雲貴總督王文韶，調遣官兵數千名，一鼓蕩平，先後奏捷。直隸總督李鴻章，又奏稱校閱海軍，業已蕆事，技藝如何純熟，行陣如何整齊，炮臺船塢各工如何堅固，說得洋洋灑灑，簡直是威若虓虎，鞏如金湯。處處為下文反照。西太后在頤和園，聞了這種佳音，自然欣慰。暗想五旬壽辰，為了越南交涉，與法宣戰，弄得內外慌亂，無心祝嘏，草草成禮，便算了事。今已太平了八九年，淨洗甲兵長不用，安排典禮慶無疆，想再不至有什麼意外了。慢著。誰料世變無常，安危俄頃，一剎那間，東海波濤，突然捲到直隸灣內，把一場萬壽盛舉，化作煙消霧散。中外人士反說，遇著西太后壽期，定要鬧出極大的戰釁來。氣得這位老佛爺滿腹懊惱，無處可訴。這也是造化小兒巧於播弄了。諧中寓莊。

說來話長，看小子撮要敘明。自李鴻章與日使訂約天津，中日各兵，都退出朝鮮，朝鮮算數年無事。應十八回。大院君亦蒙釋回國。光緒二十年五月，朝鮮全羅道古阜縣，忽有東學黨作亂。黨首叫做崔時亨，就是從前金玉均、洪英植的餘黨。不過崔時亨的宗旨，比金、洪二人尤為下乘。他是剽竊佛老餘說，自稱能呼風喚雨，驅神役鬼，藉著妖言惑眾的伎倆，脅從數萬，平白地揭起竿來。為拳匪寫影。朝鮮國王李熙，忙授洪啟勛為招討使率兵征剿。到了全州，與東學黨開了幾仗，起初僥倖獲勝，後被黨人誘入山中，四面圍住，把洪啟勛手下將士，殺得七零八落，等到潰圍而出，已喪亡了一大半，洪啟勛連忙逃歸。黨人遂陷全州，聲言將直搗朝京。朝鮮大震。李熙急得沒法，忙與中國駐朝委員商量，乞飛電求救。這駐朝委員，不是別人，便是前日幫辦營務的袁世凱。當下為朝王發了急電，乞援北洋。北洋大臣直隸總督李鴻章，奏派提督葉志超、總兵聶士成等，率兵三營東援，屯駐牙山。一面電告駐日欽使汪鳳藻，令他援照天津條約，通知日本政府。略說朝鮮系中國藩屬，現因被亂乞援，不得已派兵代剿等語。日本外部陸奧宗光覆書前來，不認朝鮮為中國藩服，且派大島圭介率著重兵，陸續至朝鮮。

東學黨聞中日兩國，派兵壓境，自思螳臂擋車，成什麼事？驚得四散奔逸。清軍擬即撤回，約日本同時撤兵。偏日使大島圭介要改革朝鮮內政，不肯即返。袁欽使世凱連電京師，略稱倭兵萬人已入朝鮮，分守漢城四路要害，居心難測。現在葉軍雖駐牙山，恐兵單不足御倭，請速派兵接濟等語。總理各國事務衙門接電後，還是慢騰騰的延挨。等到大島圭介率兵入朝鮮宮，幽禁朝王，代理國政，宣告朝鮮自主，方諮照駐華日使小村壽太郎，請和平辦理。小村仍說朝鮮系自主國，累次擾亂，不得不代為改革。若中國不肯照允，是無意息事，嗣後倘有不測，日本政府不任其責，語意甚為決絕。那時總署只好電商李鴻章，令籌戰備。鴻章老成持重，明知北洋海軍只可虛壯觀瞻，若要實行開戰，恐不濟事。當下電復總署，仍然主和。無奈日人已占先著，把朝鮮各處要隘統守得密密層層，連華僑出入也要由他搜尋。因此華民大駭，紛紛內渡。袁使又電北洋，請即回國，決與日本開戰。袁公亦以為海軍可恃耶。李鴻章還想與日人磋議，日人索償軍費三百萬兩，再議和平條約。於是鴻章不便擅允，盈廷王大臣等，十人中九人主戰，統說區區日本，怕他何為？光緒帝少年好勝，也道是大可敵小，催促李鴻章調兵東援，並召袁世凱歸國。鴻章無可奈何，才令濟遠、威遠、廣乙三兵艦，及愛仁、飛鯨兩商輪，運兵東渡。又租英商高升輪船，續載兵械，隨赴朝鮮。不料日人煞是利害，料知清艦東來定要駛過豐島，他早安排砲艦預先等著，遙望清艦果到，便測準炮線，轟轟隆隆的放將過來。清艦猝不及防，被他一陣亂擊，廣乙艦受傷先逃。濟遠艦鐵甲較堅，尚未被傷，管帶方柏謙很是膽小，一聞炮聲，嚇得魂飛魄散，忙向鐵甲最厚處躲將進去。各兵見管帶恇怯，那個還敢對敵，自然轉輪逃回。猛聽得撲喇一響，舵遭毀裂，方管帶索性亂抖，忙叫軍士道：「快……快……快懸白旗。」軍士奉命，亟將白旗高懸，方得逃回威海衛。出手就獻醜。各艦見濟遠已逃，自然分頭四逸。獨高升船觸著魚雷，竟致沉沒，船內的兵械，統被龍王收去。方柏謙既慶生還，反捏造虛詞，稟報督署，只說途遇日艦，廣乙傷，高升沉，經卑職捨命炮擊，才卻退日兵，把各艦救回。李鴻章信為真話，轉電京師。王大臣以日本傷我運船，其曲在彼，遂請明詔宣戰。光緒帝立即頒諭，宣示中外。諭甫下，牙山的敗報又至。

先是葉志超屯兵牙山，因戰釁未開，毫不防備。至是海道已梗，孤露無援，日人步步進逼，乃用聶士成言，自率兵把守公州，令聶士成守成歡驛。士成至成歡，日兵已至，兩下開仗，不分勝負。忽日兵漫山遍野而來，勢不可當。士成不得已，棄了成歡，收兵徐退。回至公州，無一清兵，不覺嘆息道：「公州背山面江，可以固守，如何葉軍門棄此而去？」正悵悵間，有探馬來報，葉軍門已回平壤去了。士成道：「公州不能守，平壤難道可守麼？」探馬道：「平壤已有四路大兵會集駐守，所以葉軍門到那邊去的。」士成道：「有四路大兵到平壤麼？」探馬道：「盛京副都統豐伸阿，高州鎮總兵左寶貴，各統奉軍從奉天出發；提督馬玉昆統毅軍，從旅順出發；大同鎮總兵衛汝貴統盛軍，從天津出發，四路兵齊到平壤，差不多有數十營哩。」士成道：「我軍只有五營，看來此處不能長駐，只好也退平壤去了。」當時各將弁中還算聶士成，所以筆下有恕詞。遂傳令本部人馬向僻徑行走，迂迴曲折，數日方達。志超接著問起接戰情形，士成約略說明。志超即奏稱成歡戰爭，殺敵過當，因慮孤軍無援，所以退至平壤等語。清廷還道他老成勝算，論功行賞，命志超為各路兵馬總統，所有駐韓各軍，統歸節制。志超奉此恩命，置酒高會，把出兵打仗的要事，擲在腦後。且顧眼前。一過數日，軍探報稱日兵來了，志超方有些著急，嚴戒諸軍，為守城計：命馬玉昆率所部毅軍四營駐守大同江東岸，衛汝貴、豐伸阿二軍十八營駐守平壤城西南隅，左寶貴六營守城北山頂及玄武門，別命總兵聶桂林策應東南兩營，自己居中排程，高坐城中靜聽訊息。起初兩三日，各軍來報，互有殺傷。至中秋這一夕，志超還憑城望月，態度徘徊。越日黎明，但聞西面炮聲隆隆，不禁魂膽飛揚，忙遣軍探四偵戰狀。約到巳牌，有軍探來報：倭兵猛攻大同江軍營，馬軍門拒戰甚力，衛鎮臺渡江協御，鏖戰多時，倭兵已敗退了。志超道：「還好，還好！」未幾午餐。餐畢撤餚，又有軍探來報：城北山頂被倭兵占去，左鎮臺退守玄武門。志超驚道：「倭兵已敗為何又來？」軍探道：「他是四路進兵。那邊雖已敗去，這邊恰被攻入。」志超正沒法擺布，忽有軍弁跑入，乃系左寶貴遣來乞援。由志超問明，方說道：「各兵俱已調出，只我手下一營親兵，如何援他？實是老命要緊。不、不如叫他回城再作計較。」軍弁奉令馳去。不一時軍探飛報：左鎮臺中炮陣亡。志超道：「怎麼好？怎麼好？四好字互應成趣。快與我召回馬、衛各軍。」軍探去訖。俄報：倭兵炮擊玄武門。志超驚的了不得，忙傳大令：速懸白旗。方柏謙流亞。頓時白旗滿布城上。日兵瞧見，果然停炮不攻。適值馬、衛各軍回城，見城上白旗四張，亟來謁見志超。志超語諸將道：「左總兵已經陣亡，眼見此城難守，三十六著，走為上著，我等不若回去吧！」眾人聽了帥令，統是垂頭喪氣。隻馬玉昆還有些志氣，願即背城一戰。志超不允。遂於是夜潛遁。途次遇伏，又傷亡了三千餘人，方得賺命走脫。

陸軍已敗，海戰又逼。李鴻章自知海軍難恃，主守不主戰，只命提督丁汝昌，巡弋洋面，虛示聲威。不意日本軍艦一二艘，衝波逐浪，竟來窺伺遼東。此時清艦尚運兵赴平壤，至大東溝，正與日艦相值。日艦上懸旗開炮，先聲奪人，汝昌被逼不過，只得分戰艦為五隊，列著犄角魚貫陣，準備迎敵。戰艦共十二艘，鎮遠、定遠兩鐵甲為第一隊，致遠、靖遠為第二隊，經遠、來遠為第三隊，濟遠、廣甲為第四隊，超勇、揚威為第五隊，汝昌自坐定遠船督戰。遙望日艦作一字陣撲來，恐它直攻中堅，令改犄角魚貫陣為犄角雁行陣。陣尚未整，敵艦糜至。楊威、超勇兩艦相繼中彈，未幾，超勇沉沒。致遠、經遠、濟遠三艦被敵艦沖斷，丟擲圈外。致遠管帶鄧世昌，與日艦吉野對轟。藥彈殆盡，船亦受傷。世昌拼著性命開足汽機，擬撞擊吉野與之俱盡。吉野駛避，致遠奮追，突然觸著魚雷，遂致炸沉。經遠管帶林永升，炮擊日本赤城艦，赤城受傷遁去，永升飭令追襲，也被魚雷炸沒。鄧、林兩管帶同時死綏。濟遠管帶方柏謙，忙飭舵工飛逸，不意與揚威相撞。他也不管什麼，自行逃去，揚威竟被撞沉。廣甲亦逃，擱淺沉沒。靖遠、來遠諸艦，又受重傷，突圍出走。只定遠、鎮遠兩鐵甲，還與日艦奮擊，轟沉日本西京丸一艘，並擊傷日本松島艦。奈因眾寡不敵，定遠又中著五六炮，只得沖出戰線，逃回旅順。眼見得海軍又敗績了。奈何，奈何！

警報飛達清廷，光緒帝大憤，把葉志超、丁汝昌等，褫革有差，方柏謙正法。遲了。並因李鴻章備戰無方，拔去三眼花翎，褫去黃馬褂。另命四川提督宋慶，幫辦北洋軍務。又令御前侍衛公桂祥，統帶馬步各營，至山海關駐守。所用仍是非人。軍報日緊一日，西太后此時，已加上「崇熙」二字徽號，接者這信，懊喪異常，只好降旨罷除慶賀。用皇帝名，頒一上諭道：

朕欽奉慈禧端佑康頤昭豫莊誠壽恭欽獻崇熙皇太后懿旨：「本年十月，予六旬壽辰，率土臚歡，同深忭祝。屆時，皇帝率中外臣工，詣萬壽山行慶賀禮。自大內至頤和園，沿途蹕路所經，臣民報效，點綴景物，建設經壇。予因康熙、乾隆年間，歷屆盛典崇隆，垂為成憲，又值民康物阜，海宇乂安，不能過為矯情，特允皇帝之請，在頤和園受賀。詎意自六月後，倭人肇釁，侵我藩封，尋復毀我舟船，不得已興師致討。刻下干戈未戢，徵調頻仍，兩國生靈，均罹鋒鏑。每一念及，憫倬何窮！前因念士卒臨陣之苦，特頒內帑三百萬金，俾資飽騰。茲者慶辰將屆，予亦何心侈耳目之觀，受臺萊之祝耶？所有慶辰典禮，著仍在宮中舉行，其頤和園受賀事宜，即行停辦。」朕仰承懿旨，孺懷實有未安，再三籲請，未蒙慈允，敬維盛德所關，不敢不仰遵慈意。為此特諭。

光陰易過，萬壽屆期，西太后僅在園內排雲殿受賀，比五旬萬壽時還要掃興。後人有詩嘆道：

別殿排雲進壽觥，慈懷日夕軫邊情。

諸州點景皆停罷，饋餫頻聞發大盈。

欲知萬壽後如何情形，容待下回再敘。

先聖有言，與其奢，也寧儉。此實齊家治國之至言。以西太后之六旬萬壽，必欲仿康乾故例，籌備隆儀，試思：康乾為何如時？西太后為何如時耶？國帑支絀，公私交困，甚至經費無著，乃責諸官吏之捐俸！祿以代耕，古有明訓。為祝壽故，令之減祿，官吏寧無身家思想？輸款於上必朘削於下，是不啻導之剝民也。況以海軍經費，移築頤和園，卒至中日一戰，全軍皆墨。不得已罷除慶賀，節省禮儀，易奢為儉，已無及矣。人咎合肥，我咎西太后。本回上半極寫奢華，下半備述敗狀，一反一正，足為後來殷鑒。

姊妹花遭讒被謫　骨鯁臣強諫充邊

卻說清廷連線敗耗，命提督宋慶，幫辦北洋軍務；再令提督劉盛休，出兵大連灣；將軍依克唐阿，出兵黑龍江，均赴東邊九連城，扼守遼東要口。平壤敗軍亦陸續到來，共約七十餘營。兵亦不可謂不多。朝旨命宋慶總統各軍，除依克唐阿一軍外，統秉宋慶節度。九連城南倚鴨綠江，東瀕靉河，河東有虎口，為險塞，令聶士成駐守。再東為安平河口及長甸各隘，令依克唐阿駐守。西為安東縣，再西為大東溝，令豐伸阿、聶桂林駐守。日兵甫渡安平河口，依軍望風先遁，至日兵逼近靉河，諸軍皆潰。剩了一個老宋，亟忙遣軍來爭。哪裡抵擋得住，沒奈何棄了九連城，退保鳳凰城。日兵既踞九連，別遣支隊入安東，豐伸阿、聶桂林等，早已不知去向。一班逃將軍！老宋到了鳳凰城，默思孤掌難鳴，索性遠走數十里。日兵如入無人之境，占住鳳凰城。復分作三路：一路出西北，陷連山關；一路出東北，陷岫巖州；一路出東南，陷金州大連灣。

宋慶此時已退至蓋平，奉旨命援旅順。宋慶乃令聶士成守摩天嶺，阻截連山關的日兵，自率軍徐徐南下。徐徐二字妙。摩天嶺本是天險，日兵屢次進撲，都被聶軍殺退。湊巧依克唐阿，亦率敗兵到來，聶士成與他相約，規復連山關。依克唐阿倒也敗後思奮，毅然應允。兩軍南北趨集，吶一聲喊，蜂擁至關，日兵出關抵敵，大殺一場，還是聶、依兩軍利害，只好退入關去。兩軍乘勝攻撲，槍聲炮聲，晝夜不絕。守關統領乃是日本一員中尉，惱得性起，再開關出戰，不一時被彈子擊中要害，白喪了一條性命。蛇無頭不行，頓時日兵四散，聶、依兩軍，安安穩穩的走入連山關。兵以氣動，若能陣陣如此，何至一敗塗地。等到鳳凰城日兵來援，又被聶、依兩軍殺退。因此鳳凰城東北一帶，兀自守住。只東北、東南兩處，毫無轉機。岫巖既失，日兵分道西犯。豐伸阿、聶桂林等，連戰連敗，逃入海城，迨日兵踵至，又把海城棄去。遼西大震，同時旅順復報失守。

旅順是北洋海軍第一良港，內闊外狹，重巒環抱，若得一個良將居守，端的是不易攻入。偏這丁汝昌認作絕地，託詞戰艦待修，避入威海衛，一切防守要務，委任了一位龔總辦照璵。照璵庸弱得很，做個船塢總辦，也不知是什麼鑽營，得充是任。他自汝昌去後，先在海曲備好漁船，準備逃走，到了日兵進攻，佯飭守兵抵禦，自己早下舟潛遁。都是這等好腳色！守兵沒了主帥，紛紛自亂，一聞砲彈聲響，大家都走了他娘，管什麼旅順不旅順，軍港不軍港。日兵全不費力，唾手得了旅順口，大家慶賀起來。

這時候，遼東西的警報似雪片一般，飛達清廷。光緒帝急的要不得，只得令王大臣等奏陳方略。日講官文廷式，感上知遇，聯繫各大臣會銜，奏請起恭王主軍國事。光緒帝心為之動，正令軍機擬旨，命恭王入值軍機。忽報太后駕到，光緒帝更衣不及，即著便服出迎。西太后入宮降輿，光緒帝匍匐跪接。西太后也不理他，一直入宮。光緒帝只好起身，隨了進來，又跪下請安，碰了幾個響頭，方奉慈命道：「你且起來。誰要你主戰？」光緒帝勉強起立，又聽得一聲呼喝道：「誰要你主戰，弄到一敗塗地？」聲如獅吼。光緒帝顫慄道：「盈廷王大臣通通說是可戰的。」西太后厲聲道：「你何不叫他去臨陣呢？我從前聽政時，為了越南交涉，與法宣戰，那時左、彭、岑、馮諸宿將都尚在世，開戰以後，有敗有勝，我還是得休便休。你靠了誰人，竟與日本開戰呢？」光緒帝答道：「日本欺我太甚，所以不得不戰。」西太后道：「好！好！目今戰狀如何？由你這般瞎鬧，恐怕列祖列宗的江山要在你手送掉了。你要開戰，也應到園內稟明一聲，待我出了主意，定議未遲。你為什麼並未報聞？直到宣戰下諭以後，方遣世鐸稟報。我道你總有能耐，擅敢宣戰，誰料你遣將用兵，多是一班飯桶。事到如今，看你如何了局？所以我特來問你。」光緒帝聽到這番嚴諭，又只得碰頭謝罪。西太后道：「你謝罪也是無益，我只問你如何了局？」光緒帝才答道：「今日廷臣聯銜，奏請起恭王奕訢辦理軍務。」西太后哼了一聲道：「奕訢麼！你起來，把奏牘取來我閱。」言下大不滿意。光緒帝遵著起身近案，將奏摺檢出，雙手呈上。西太后瞧畢，不覺怒容較甚，便道：「文廷式是新進小臣，也敢列銜會奏？我知道了。」回顧李蓮英在旁，即道：「你去叫瑾、珍二妃來。」蓮英奉命出去，光緒帝摸不到頭腦，只呆呆的垂手侍立。我為閱者亦摸不到頭腦。片晌間，就見瑾、珍二妃隨著李蓮英冉冉進來，到太后前雙跪請安。西太后厲聲道：「你這兩個狐媚子，日日陪著皇上調笑取樂，尚嫌不足，還想干預外政麼？」劈頭亂敲。二妃莫名其妙，只得雙雙磕頭道：「婢子怎敢？」西太后道：「還說不敢麼？蓮英與我取杖來。」光緒帝聞到一個「杖」字，驚得魂飛天外，不由得屈膝道：「聖母慈鑒，她兩人有罪，敬請聖母訓責，只求聖母示明原委，方好使她伏罪。」西太后道：「你道我無風生浪麼？我只問她一語，便足令她心服。」光緒帝道：「敢乞聖母明諭。」西太后道：「文廷式與她兩人是否有師生誼？」光緒帝惴惴道：「這卻未知。」西太后又勃然道：「你尚敢為她隱飾麼？」這語甫畢，珍妃恰忍耐不住，竟朗聲答道：「婢子幼時，曾由文廷式教授過的。」西太后指光緒帝道：「可是麼！文廷式入選翰苑，不過數年，為何有這權力？不是她兩個狐媚子暗中關說，你為何這般寵他？」原來為此。光緒帝又囁嚅道：「她兩人未敢如此。」西太后復嗤著鼻道：「她兩個狐媚子仗著花容月貌，蠱惑左右，怪不得你言聽計從。就是與倭人開釁，也聞得由她慫恿。你何不叫她去退敵呢？」又回顧李蓮英道：「快去取杖來，每人杖她百下，儆戒她後來逞刁。」光緒帝嗚咽道：「請聖母開恩，饒她一次。」西太后不允，只催蓮英取杖，嚇得瑾妃抖個不住，獨珍妃性頗偏激，竟啟奏道：「婢子入宮以來，並不敢與聞外事。就使與文廷式有師生誼，也未嘗暗通一信。仰求慈鑒。」西太后大怒道：「你敢與我鬥嘴。難道我冤誣你麼？」簡直是不准她辯。光緒帝忙阻住珍妃道：「你也太倔強了？聖母前只好乞恩，如何還要答辯。」西太后又喝蓮英取杖，蓮英看不過去，也只得跪請慈恩。此時蓮英尚未與帝有隙。西太后才道：「你等既代她求宥，我姑免她杖責。只她兩人不配為妃，須降她幾級方好。」光緒帝道：「遵旨降她為嬪。」西太后道：「不夠。」光緒帝又請降為貴人，西太后道：「還要將她兩人羈禁三月，休得召幸，以儆將來。」太后言已，即命蓮英起立，牽去兩妃，交代宮中總監，幽禁別室。兩妃只得含淚謝恩，起隨蓮英去訖。西太后見案旁紙筆俱備，便提筆書紙道：「瑾、珍二妃近來習尚浮華，屢有乞請，實屬有違閫範。著即降為貴人，特諭。」書畢，指向光緒帝道：「這諭立應頒發，不得遲延。」光緒帝唯唯聽命。西太后又道：「奕訢究應起用否？」光緒帝道：「奕訢前直軍機，辦事尚稱勤敏。現在疆事日亟，應用與否，請聖母酌奪。」西太后躊躇一會，方道：「這且由你。只文廷式須要革逐，免得他外結親王，內恃妖妃。」光緒帝不敢不應命。西太后又道：「步軍統領榮祿，忠誠有餘，才識他還過得去，可叫他在總署當差。看來戰事是支援不住了，為社稷計，不如忍辱議和，還可將就了事。」語至此，嘆息數聲。時李蓮英已來覆命，西太后便道：「我們去吧。」光緒帝起至門外，又復跪送。不怕膝痛麼！西太后又回囑道：「現在囑咐一切，你須照行，否則我是不依的。此後須要小心，休被這種狐媚子再行矇蔽。」光緒帝連聲稱「是」。

等到太后上輿遠去，光緒帝方敢起身入內，暗暗自忖：這是何人讒構，致觸慈怒。想了一回，不禁失聲道：「總是她！總是她！」言畢，便步至坤寧宮。宮監入報，那拉后即出來迎駕。光緒帝踱將進去，後亦隨入。坐甫定，光緒帝語那拉后道：「你做得好事？」那拉后不解，驚問何故？光緒帝道：「你含酸吃醋，妒著瑾、珍二妃，所以到太后前播弄是非，令太后前來責朕，並將二妃嚴譴。你真是好計哩！」那拉后道：「沒有這事，休要見疑！」光緒帝冷笑道：「好一座大靠山！你只管去獻殷勤，陷害好人。但俗語說得好，有勢不可行盡，你也須留點餘地哩！」那拉后聞此，忍不住兩眶珠淚，帶哭帶話的辯了數句。光緒帝聽得不耐煩，抽身出去。原來那拉后的才貌，不及瑾、珍二妃，光緒帝本不甚寵愛，獨西太后以姑侄關係，向多回護，那拉后又常往來園中，以此光緒帝疑她懷妒，特地進讒。究竟是真是假，小子也不好妄斷。只為此一事，帝、後間漸漸生嫌了。為下文伏筆。

光緒帝既出坤寧宮，想去探望瑾、珍二妃。問明宮監，方知已被羈三所去了，心中愈加不樂，索性忍氣吞聲，挑選個僻靜的宮室，睡了一覺，是夕無話。次日，把西太后所囑的事情，一一照辦：瑾、珍二妃降為貴人；恭王奕訢起為軍機大臣；榮祿命在總理各國事務衙門行走；文廷式開去日講官。又越日，恭王入朝，光緒帝遂與商量和議，選定侍郎張蔭桓、邵友濂出使日本請和。恭王恐日本不允，復去拜會美國公使，託他居間，並聘美員福世德同往。

張、那等甫出發，忽由御史安維峻呈上奏摺，由光緒帝披閱道：

奏為疆臣跋扈，戲侮朝廷，請明正典刑，以尊主權而平眾怒事。竊北洋大臣李鴻章，平日挾北洋以自重。當倭賊犯順，自恐寄頓倭國之私財，付諸東流，其不欲戰，固系隱情。及詔旨嚴切，一意主戰，大拂李鴻章之心。於是倒行逆施：接濟倭賊煤米軍火，日夜望倭賊之來，以實其言，而於我軍前敵糧餉火器，故意勒措之，有言戰者，動遭喝斥；聞敗則喜，聞勝則怒。淮軍將領，望風希旨，未見賊，先退避，偶遇賊，即驚潰。李鴻章之喪心病狂，九卿科道亦屢言之，臣不復贅陳。唯葉志超、衛汝貴，均系革職拿問之人，藏匿天津，以督署為逋逃藪，人言嘖嘖，恐非無因。而於拿問之丁汝昌，竟敢代為乞恩，並謂美國人有能作霧氣者，必須丁汝昌駕馭。此等怪誕不經之說，竟敢陳於君父之前，是以朝廷為兒戲也；而樞臣中竟無人敢與爭論者。良由樞臣暮氣已深，過勞則神昏，如在雲霧之中，霧氣之說，入而俱化，故不覺其非耳。張蔭桓、邵友濂為全權大臣，尚未明奉諭旨。在樞臣亦明知和議之舉不可對人言，(彼)既不能以生死爭，復不能以利害爭，只得為掩耳盜鈴之事，而不知通國之人，早已皆知也。倭賊與邵友濂有隙，竟敢索派李鴻章之子李經方為全權大臣，尚復成何國體？李經方乃倭逆之婿，以張邦昌自命，臣前已劾之。若令此等悖逆之人前往，適中倭之計。倭賊之議和，誘我也。彼既外強中乾，我不能激勵將士，決計一戰，而乃俯首聽命於倭賊？！然則此舉非議和也，直納款耳，不但誤國，而且賣國。中外臣民，無不切齒痛恨，欲食李鴻章之肉。而又謂和議出自皇太后，太監李蓮英實左右之，此等市井之談，臣未敢深信。何者？皇太后既歸政皇上，若仍遇事牽制，將何以上對祖宗，下對天下臣民？至李蓮英是何人斯？敢干政事乎？如果屬實，律以祖宗法制，李蓮英豈復可容？唯是朝廷受李鴻章恫嚇，不及詳審，而樞臣中或其私黨，甘心左袒，或恐李鴻章反叛，姑事調停。而不知李鴻章久有不臣之心，非不敢反，直不能反。彼之淮軍將領，類皆貪利小人，絕無伎倆，其士卒橫被剋扣，皆已離心離德；曹克忠天津新募之卒，制李鴻章有餘；此其不能反之實在情形也。若能反，則早反矣。既不能反，而猶事事挾制朝廷，抗違諭旨。彼其心目中，不復知有我皇上，並不復知有我皇太后，故敢以霧氣之說戲侮之也。臣實恥之。唯冀皇上赫然震怒，明正李鴻章跋扈之罪，布告天下。如是而將士有不奮興，倭賊有不破滅者，即請斬臣，以正其妄言之罪。祖宗鑒臨，臣實不懼，用是披肝膽、冒斧鑕，痛哭直陳。不勝迫切待命之至，謹奏。此奏有關係西太后語，故備錄之。

這篇奏摺，其中多捕風捉影之談，不足為據。只云皇太后遇事牽制，何以對祖宗、天下，並劾李蓮英左右和議，確是有些道著。但光緒帝覽了此奏，不得不嚴諭痛斥，說他肆口妄言，著即革職，發往軍臺效力。當時都下人士爭為安御史呼冤，還是你一折、我一本的上奏，大半是還要主戰。有一個滿御史，請起用檀道濟為大將；一個滿京堂，奏稱日本東北有兩個大國：一是緬甸，一是交阯，請遣使約它夾攻，必可得勝。光緒帝瞧不勝瞧，都付諸高閣。後由軍機瞧見二滿員奏摺，通通鬨堂大笑。只是緬甸、交阯尚有這兩處地名，不過以小作大，指西為東，雖是大誤，還算有一點影子。獨檀道濟系劉宋時人，相距一二千年，如何奏請起用?見者多茫然不解。嗣經一御史說起，擬任用董福祥，借檀道濟為比擬，他即問明檀道濟三字的寫法，竟爾錄奏。用此等人作御史如何不亡！這且休提。

單說張、邵二使出發後，日兵又西陷蓋平，南踞榮城，並占威海衛。至光緒二十一年正月，復將劉公島奪去，北洋敗殘軍艦，悉數被擄，島內將士懸白旗乞降，海軍提督丁汝昌，及總兵劉步蟾、張文宣，均服毒自盡。數載經營，一旦掃滅。京中人士方不敢言戰，相率望和。無奈張、邵二使到了日本，被日員伊藤博文、陸奧宗光拒回，說非全權大臣，不便會議。並通告美使，謂須派位望崇隆的大員，畀以全權，方可來議和款。光緒帝不得已，乃命北洋大臣李鴻章為全權大臣，至日本乞和。鴻章不好違拗，只得硬著頭皮，航海東去。正是：

失算竟遭全域墮，
匄和又遣老臣行。

畢竟李鴻章如何議和，且看下回分解。

中國之敗，敗於任用之非人及軍費之不足。當時預知宿弊，無意主戰者，唯一李鴻章，若以常情推測，則中國大而日本小，誰謂不可一戰者？廷臣之多半主戰，尚不足咎。瑾、珍二妃深居宮禁，其勸帝宣戰與否，我不敢知，即果有此事，亦人情所同然耳。至於師徒撓敗，海陸失利，文廷式奏請起用恭王，不為無見。滿廷親貴，如奕訢猶為佼佼者。西太后不思移款築園之誤國，徒以喪師咎光緒帝，且怒及二妃，斥其干預外政，試問自為妃子時，其行狀果何如乎？甚至以文廷式之奏請，亦疑二妃主使。原其懷疑之由來，猶是啣恨恭王之夙見，滿腔私意，到處遷怒。安維峻謂其遇事牽制，不得為誣。或謂中國之弱，自日本一戰始，曩令光緒帝先事慎重，當不致情見勢絀若此！不知天下事非實力不辦，羊質虎皮總有暴露之一日，詎能長此掩飾耶？本回敘二妃之被謫，及安御史之充戍，皆隱寓憫惜之意。憫二妃、惜安御史，西太后可無庸再論矣！

命和日宣示苦衷　主聯俄遣訂密約

卻說光緒帝遣使李鴻章，曾至西太后處稟明，西太后立即應允。她因安維峻參劾李鴻章，奏中連及自己，不禁憤憤，自己不肯認錯，所以把老李一方面也極力袒護，並囑光緒帝道：「他初意固不欲戰，你早從他意見，也不至敗到這般。目今非他不能議和，好好授他全權，叫他去吧！」無非因移款築園的好處。

鴻章奉命東渡，先電商各國駐華公使，請他臂助。各使覆詞，多半模稜，獨俄使喀希尼力任調停，並言：日人如多方要求，有敝國在，願代拒日本，保全中國疆土。這樣好人，普天下難得的！鴻章得復，喜出望外，才航海東行。不數日到了馬關。日本已派專使伊藤博文、陸奧宗光在埠頭等候。鴻章登岸，由伊藤兩人邀入春帆樓。伊藤博文掀須道：「好幾年不見李伯相了。前時在天津議約，伯相勛高望重，一呼百諾，令人猶覺心悸。今日屈尊來到敝國，在此相敘，也是意想不到的事情。」鴻章聞言不禁又忿又慚，老臉上面突突地熱起來了。看官閱過前文諒記得，天津和約也為了朝日的事，那時李伯爺擺著全副儀仗，去迓日使伊藤，所以伊藤有此謔詞。補十八回之所未及。鴻章到這時光，只好任他奚落，奈心上總有些覺著，那得不面紅耳熱？勉強耐著性子支吾了一會。

至兩下開議，鴻章先請停戰。伊藤道：「欲要停戰，非把貴國的天津、大沽、山海關三處為質不可。」鴻章不允。陸奥道：「李伯相休要堅持，敝國兵力雖弱，奪之三處地方恰似探囊取物哩！」鴻章道：「多年和好，為了朝鮮遂致開釁。貴國亦應原諒一點，方好議款。」伊藤道：「朝鮮與敝國定約，明說是自主之邦，貴國硬要認作藩屬，這是貴國第一著錯誤。目今戰釁已開，和議一無眉目，如何就要停戰？」鴻章道：「既如此說，請貴國停攻大沽、山海關、天津三處，先行議和。」伊藤仍然不從。鴻章道：「今日初到貴國，心緒尚亂，且至明日再議。」當下辭別春帆樓，自至客寓暫宿。購閱日本新聞紙，知營口、澎湖均被日兵占住，不免失驚道：「北失營口，南失澎湖，海道統要中梗，連輸運都不便了。可恨倭人這般利害，戰不肯停，和又不許。

奈何！」連歲整繕兵防，如何到這地步。越宿，又赴春帆樓會議。說得唇焦舌敝，仍是一些沒效，沒奈何悒悒歸寓。途次，忽遇刺客，突發手槍，骨碌碌一粒彈子擊中鴻章左顴。鴻章痛甚，忙喚日警捉拿刺客，自己掩面急歸。一病數天，警問遍達歐美。那時各國輿論，統說日人無理，代鳴不平。日皇因眾論難違，一面令日醫趕緊調治，一面令伊藤、陸奥均往道歉。並說，刺客小山豐太郎，已由警察擒獲，按律治罪。鴻章嘆道：「為了國家重事，到此議款，不期被刺客所擊，一身負痛不足惜，只教貴國肯示通融，雖死亦無憾了。」伊藤、陸奥至此才自覺不情，允即議和。鴻章便要締約停戰，伊藤等允約而去。舍了一點顴血，還算值得。

越一星期，鴻章顴病略愈，更申和議。伊藤、陸奥提出條款：一要朝鮮自主；二要奉天南境及臺灣澎湖各島；三要賠償兵費三百兆兩；此外還有添開口岸、減輕稅則、並機器進口、改造土貨等款。限四日答覆。鴻章允割安東、寬甸、鳳凰城、岫巖州及澎湖列島，並償銀一百兆兩，通商權利仍照各國成約。伊藤、陸奥又強硬起來，不肯照允。再四磋商，割地內減去寬甸，賠款減至二百兆，進口貨稅仍照舊例。鴻章還想辯駁，伊藤憤然道：「照這約稿，敝國已讓至極點，貴國允與不允，兩言決耳，不必多議。」何等斬截，外人之辨交涉也如是。鴻章不便再辯，只得唯命是從，互簽約稿，定於煙臺互換正約。方返歸天津。

這約一傳，京內外諸大臣，又紛紛地奏阻款議。兩江總督張之洞、河南道監察御史易順鼎，各抗疏數萬言，異常憤激。想是停戰好幾日，又有些膽壯起來。光緒帝躊躇難決，不得已請命西太后。西太后道：「算了！連日警報紛乘，我被它鬧得昏了，倘再遲疑過去，京畿也要戒嚴。你自主張開戰，倒也無悔，我年已花甲，不願擔此驚憂哩！況署直督王文韶，曾奏稱海嘯成災。天時、人事都未順遂，此時忍著些兒苦痛，與他議和，或者恐懼修省，還可默迓天庥。」海嘯事從太后口中敘出，可見太后此時已遍閱章奏。西太后說一句，光緒帝應一聲「是」，至西太后說畢，方跪謝而出。遂決定和議，宣示全國，略云：

近日和約定議，廷臣交章論奏，謂地不可割，費不可償，仍行廢約決戰，以冀維繫人心，支撐危局。其言固出於忠憤，而於朕辦理此事，熟籌審處，萬不獲已之苦衷，有未深悉者。自去歲倉猝開釁，徵兵調餉，不遺餘力。而將非宿選，兵非素練，紛紛召集，不殊烏合。以致水陸交餒，戰無一勝。近日關內外事情更迫：北則近逼遼瀋，西則直犯畿疆，皆眼前意中之事。況二十年來，慈闈頤養，備極尊崇，設使畿輔有驚，則藐躬何堪自問？用是宵旰旁皇，臨朝痛哭，一和一戰，兩害兼權，而後幡然定計，其萬分為難情事。言者章奏所未及詳，而天下臣民所當共諒者也。無非為了西太后。茲批准定約，特將先後辦理緣由，明白宣示。嗣後我君臣上下，唯期堅苦一心，痛除積弊，以收自強之效。為此通諭中外知之。

和議告成，準備換約。李鴻章回到天津，乞病請假。俄使喀希尼密函慰問，並願聯結德、法兩國，代清廷索還遼東。鴻章複詞感謝。俄使遂與德、法兩使商定，電達本國，請速用公文，致日本外部抗議，並請飛調兵艦，遊弋遼海。俄、德、法三國政府，料知有利可圖，即日照辦。日本聞警，頗覺為難：他雖戰勝中國，總不免勞師靡餉，俄、德、法三大國要與他抗爭，哪裡還有餘勇，好與這三國開仗？只是平白地歸還遼東，心實不甘。遂覆書俄、德、法三國：遼東可還，兵費須要增償一百兆。畢竟不肯落空。俄、德、法三使各接本國電命，出來與中日調停：增償兵費三千萬兩。日人勉強允從，議乃定，遂由中日兩國各派使換約。

臺灣人民因割臺成議，統向清廷奏阻，清廷置諸不理。主事邱逢甲倡言自主，推署理臺灣巡撫唐景崧為總統，拒絕日人，居然開議院，設內部、外部、軍部等機關，懸起藍色黃虎文國旗。部署未定，日兵已由基隆登岸。臺北城中兵勇，自相嘩噪，縱火焚撫署。唐總統倉皇失措，只好推位讓國，微服內渡。臺北遂亡。尚有臺南一帶，系由總兵劉永福駐守。先時曾奉清廷命，幫辦臺灣軍機。臺南士紳聞臺北已失，上總統印於永福。永福不受，仍稱幫辦，集民為團，力抗日兵。自夏至冬，大小數十戰，互有殺傷，卒因餉械告竭，不能持久，永福獨力難支，棄了臺南，乘德國商船內渡。於是全臺盡隸日本。相傳光緒帝曾得夢兆，屢見一老人問道：「幾時還我舊物？」光緒帝不能答，嗣後奏聞西太后。太后道：「如再夢見，可說驢兒年還你。」光緒帝記憶在胸。果然後來又夢見老人，彼問此答，倉猝致誤，竟說作馬兒年還你，醒後追悔不及。中日開戰，歲次甲午，午年肖馬，時人謂為割臺預兆，妖夢是踐，定數難逃。這也不必絮說。夢兆未必真踐，否則臺灣本屬鄭氏子孫，何為割界日本？

單說中日議和以後，廷議多歸咎李鴻章。有旨召他入閣辦事，置諸閒散，別命翁同龢、李鴻藻入直總署。翁系江蘇人，是光緒帝師傅，李系直隸人，是同治帝師傅，當時已有南北派之目。翁主維新，李主守舊，政見又是不同。光緒帝因忍辱乞和，大為拂意，決計變法圖強，挽回國勢。巧值翁師傅與他意合，遂專心倚任。翁又糾合一班同志，如侍郎張蔭桓，詹事府右中允黃思永，尚書李端棻，侍郎徐致靖，御史宋伯魯、楊深秀，湖廣總督張之洞，湖南巡撫陳寶箴等，講求新政。今朝你上若干條陳，明朝我上若干條陳，無非是練兵、興學、開礦、築路、創辦郵政、仿行印花稅，統說得天花亂墜，立可富強。皮之不存，毛將安附？李鴻藻也結連幾個守舊人物，若禮親王世鐸，若軍機大臣徐桐、榮祿，若御史楊崇、伊文悌，若福州將軍裕祿，甘肅提督董福祥等，與維新黨反對。他恐推不倒維新黨，索性賄託那李總管蓮英，去請出有權有勢的老太后來，暗中監督。西太后為了中日戰事埋怨光緒帝，正要設法箝制，遂命這守舊黨人，遇著內外大臣奏對，無論大小統須密報。有兩個不新不舊的侍郎，一名汪鳴鑾，一名長麟，召對時抑揚吞吐，略略說到乾綱獨斷的話頭，被西太后聞知，責他信口妄言，跡近離間，硬迫光緒帝將他革職，永不敘用。兩侍郎只好奉命回籍。開了頭刀。

會俄皇加冕，朝議以侍郎王之春曾出使俄國，至是復擬令往賀。偏偏俄使喀希尼，以王之春資望太淺，不宜遣往，改請另派大員。翁同龢聞得此信，擬充當此差，聯避守舊黨的嫉妒。究竟敵不過太后黨。奈喀希尼指定李鴻章。已寓深意。西太后亦以鴻章老成，不如令他一行。光緒帝不好有違，便派鴻章為頭等正使，命往俄國。臨行時，西太后特別召見。由鴻章密陳聯俄拒日的計策，深得西太后贊成。前門拒虎，後門進狼，同一失策。

鴻章至俄，俄皇特遣大藏大臣微德，要求代索遼東的酬勞。鴻章依違兩可。微德道：「堂堂中國，被日本打敗，非但貴國有意報復，即敝國亦代抱不平。若貴國與敝國協力御日，任他日人如何強悍，也要打它一個落花流水哩！」鴻章道：「貴國如此照拂，還有何說？」微德遂袖出草約數條，遞與鴻章道：「貴國如肯照允，情願協御日本，絕不食言。」鴻章取過一瞧，乃是東三省鐵路，要歸俄人專造，並租借膠州灣為軍港，暨訓練滿洲軍，及興辦東三省礦務，統要由俄國派員理值。簡直是要東三省。鴻章不禁瞠目道：「這、這恐不便。敝國即願允貴國，他國援例要求，如何對待？」微德道：「敝國大皇帝亦為貴國防這一著，所以不遣外部，特遣我與伯爺密議。但教彼此守了祕密，他國何從得知？」鴻章還是遲疑。微德道：「敝國並不要你東三省土地。只因日人很想著遼東，前時不得已歸還，他日安保不再來占奪？若由敝國代築鐵路，代練滿軍，代興礦務，並備了軍港一處，那時行軍迅速，餉需有著，屯駐亦便。日本倘要開釁，教貴國數句電文，千軍萬馬可以立至，偌大日本，畏他什麼？」言下掀須大笑。尋又語鴻章道：「這全為貴國著想，並非敝國硬要沾利。」承情，承情！鴻章明知詞不盡實，但默思中日一役，掃盡自己威風，這時不如將計就計，得它藉助臂力，壓倒日本，中國也出點悶氣，錯了。當下便一口應承。微德欣然辭去。不數日加冕期到，各國使臣照例入賀，鴻章也去列席，頗承俄皇優待。是約款買出來的。禮畢後，鴻章別了俄都，一時不即回國，託詞遊歷外洋，往歐洲各國去了。巧於趨避。

只俄使喀希尼，已奉本國命令，將鴻章所訂草約遞交中國總理衙門，限期鈐印御寶。總理衙門人員，未識此中曲折，多是相顧驚嘆。及進呈御覽，光緒帝不覺憤憤道：「糊塗！混帳！怪不得人人說他賣國賊。如何不奉朕命，擅與俄國訂定這張草約？」遂擱過一邊。俄使喀希尼常到總理衙門，三日一催，五日一逼，到了後來竟說要下旗回國，與中國宣戰。看官你想，扶桑三島尚是戰它不過，屢次敗北，況俄羅斯素稱大國，幅員比中國要大，兵力比中國強逾數倍，若要與它打仗，總是有敗無勝。為這一番恫嚇，嚇得總署諸公，心膽幾乎碎裂。又不好直奏光緒帝，只得稟報西太后。西太后卻不驚慌，淡淡地答道：「知道了！」早蒙臺洽。次日即駕至大內，迫光緒帝畫押。光緒帝回奏道：「東三省是祖宗發祥地。若照李鴻章所訂草約，蓋了國寶，豈非是將東三省送與俄人？祖宗有知亦要隱疼哩！」西太后冷笑道：「你今日方知有祖宗？你不想，前日議和，早已將遼東割讓日本。虧得俄使相助，索還遼東。今日俄國不過造條鐵路，借個軍港，比那年陵廟震驚，安危相隔不啻倍蓰。你恰這般作難。你今日方知有祖宗麼？」重一筆更凶。罵得光緒帝淚下涔涔，一聲兒不敢出口。西太后又道：「快些蓋印！倭人尚不敢與戰，俄人更不好惹的。」光緒帝無可奈何，含淚蓋印。弱國如是，孱主如是。西太后見印已蓋就，便著李蓮英交與軍機，轉遞俄使，自己仍返頤和園去了。俄國既得了重酬，法國亦不肯放過，要求滇邊陸路，及廣西鎮南關至龍州鐵路權，並闢河口、思茅為商埠。清廷不好不允，續與法使訂了專約。只有德國向隅，德使也不來提及。清廷王大臣還道是德人好義，不願索酬，竟安心過去。客氣碰著老實。

獨光緒帝迭遭激刺，越思奮發有為。是時京城裡面有一個主事康有為，立起強學會，招集士人編書設局，昌言變法。維新黨人很是歡迎，守舊黨人大為不悅。御史楊崇伊是守舊黨中健將，遂奏請禁止強學書局。不料同寅中有個胡孚宸，反奏請將強學書局改歸官辦。朝旨竟准胡拒楊。崇伊怏怏不樂，日向維新黨中伺瑕尋隙。巧值翰林院侍讀學士文廷式，議論時政，他易憂為喜道：「這遭奏參不怕不邀准了。」於是立上彈章，劾他遇事生風，廣集同類，妄議朝政，並有與太監文海結為兄弟情事。小子有詩嘆道：

黨派相爭意氣囂，傾排誰復顧同僚。
東林覆轍留明史，志士何為禍復招。

詩意似責備維新黨人，暗中恰深斥守舊黨。

欲知光緒帝是否准奏，且待下回表明。

中東一役，戰無一勝，勢不得不乞和。是書獨謂由太后意，恐閱者疑為虛構，故錄述宣示全國之上諭：一則曰慈闈頤養，備極尊崇，再則曰萬分為難情事，言者章奏所未及詳。可見光緒帝猶不願乞和，主和者為西太后無疑也。至李鴻章遣賀加冕，與俄訂約，光緒帝不肯鈐印，由西太后脅迫而成，見諸梁任公之清議報，可以復按。天下未有恃人不恃己，而可以立國者。拒日不足，轉思聯俄，是皆行險僥倖之謬想。鴻章名為老成，胡竟墮人術中耶！光堵帝銳意維新，而廷臣復分黨派，互相傾軋，互相爭勝，復有左袒之西太后，把持其間，清至此已無可為矣。閱此回，為之一嘆！

康主事連疏請變法　光緒帝百日促維新

卻說楊崇伊參劾文廷式，奏發，竟批准下來，並降旨將廷式革職，永不敘用，驅逐回籍。守舊黨相率歡躍，崇伊也自誇道：「我早料這本奏摺，必定邀准。前時太后早要將他革逐，當今為二妃情面，縱容至今，經我再去劾奏，就使銅鑄鐵釘，也要保不牢了。」不言守舊黨得意。

且說光緒帝革去文廷式，原是礙於慈命，心中益滋不悅。偏西太后又來懿旨，命將榮祿洊擢。又只好依著，授榮祿協辦大學士。正在憂鬱無聊的時候，忽報醇王福晉，染了重疾。光緒帝篤念本生，自然稟過太后，親至醇邸問疾。醇王福晉也不便多言，只囑帝以「謹慎小心」四字，醇王夫婦姑終保全榮名，得訣在此四字。帝為之淚下。駕返後，過了數日，醇王福晉即薨逝。光緒帝臨喪大慟：一則因本生父母先後去世，身為人子烏能不哀？一則因醇王福晉為西太后胞妹，西太后與帝未協，還仗她暗中調停，自遭此變，密護無人，自然越想越痛。光緒帝孤矣。

及喪葬既畢，事過境遷，俄國要援約建築遼東鐵路。乃命出使俄國大臣許景澄，與華俄道勝銀行訂立東省鐵路公司合約凡十二條。嗣後督辦軍務處王大臣，復與俄國駐京公使訂定新約，與前東省鐵路合約大略相似。只前為路事交涉，後為國際交涉，相同中又是不同。唯鴻章返國，西太后因他聯俄有效，命入總署行走。光緒帝雖奉命照辦，暗中很不相信。鴻章也樂得韜晦，暫且隨俗浮沉。至光緒二十三年，英人又有責言：以前與英國訂定緬甸界約，內有江洪一地，歸還中國，何故轉贈法人？總督諸公方記得是作法國謝禮，無奈不便表明，只得續訂中英緬甸界約，改劃界線，把工隆全地劃與英國，並以那希喀相近三角地一段，永為英國租借；又添開梧州等口岸三處，真是日蹙百里了。光緒帝求治心切，恨不得立刻維新，爭光海隅。巧值協辦大學士李鴻藻逝世，去了一個守舊黨魁，遂命戶部尚書翁同龢入為協辦大學士，維新黨勢焰驟張。

會山東曹州府鉅野縣，出了一樁教案，戕殺德國教士二人。德國與俄、法代索遼東，未得酬勞，正在人人怨望，旦爆裂，師出有名，遂自由行動，派兵入據膠州灣炮臺。總理衙門忙去問德國駐京公使海靖。海靖提出六條要約，大致是：將膠州灣四周百里租借一百年；由膠州至濟南的鐵路歸德國建築；路旁百里內的礦山也要歸德國開採。總署不肯如約，懇他情讓一點。他說：租期一百年中，讓掉一年，總算九十九年；別事萬難減輕。否則，立要占奪東三省了。」總署知無可理喻，只好允准了。與他訂約，不料俄使又來詰問，提起從前密約，曾把膠州灣租借俄人，為何無端給德？總署復大吃一驚，情願將旅順代膠州灣。俄使不允，定要遵照原約。那時總署沒法，仍請出原定密約的李伯爺前去說情。李伯爺見到俄使，苦口商量，俄使才有些轉意。只一旅順不夠如數，還要索添一處，李伯爺便把大連灣加入，只租期懇他從短。俄使總算有情，議定二十五年。唯須准他建築炮臺，並將東省路線通至旅順，李伯爺不好不從，這一邊方才定約，那一邊又有一個強國來索租地，恃人不恃己的結果。請中國人聽著！弄得總署應接不暇，又請老李與他交涉。李鴻章問明原委，才知是英使照會，援利益均霑的舊約，索租威海衛，並展拓九龍租界。鴻章以九龍司遠在粵東，前已租與英國，此次展拓界址，尚屬無妨。獨威海衛是北洋第二軍港，不便照允。

因將此意面達英使。英使憤然道：「德租膠州灣，俄租旅順大連灣，貴國統是依順，如何獨拒絕敝國？」鴻章答以九龍拓界，未嘗不依。英使堅執如故，辯到後來，竟拍案道：「德俄二國如肯廢約，敝國何敢索請？否則莫謂敝國無情，半語不從，就請備戰。」一蟹不如一蟹。弄到鴻章無詞可答，結果是願從尊命。威海衛租期，如俄租旅大同，九龍拓界期限，如德租膠、澳同。這才是光緒二十四年的事情。至二十五年冬季，法國兵官過廣州，為土匪所戕。法兵突踞廣州灣，索租九十九年，也與中國定約。事在戊戌變法以後，這是後話。連類敘及，仍標明年限。

先是膠警方起，工部主事康有為上書請變法。略稱：四鄰交逼，膠警復乘，萬國報館，競議瓜分中國。及時變法，猶可補牢，最要的計策有三：一請採俄、法、日以定國是，二請大蒐集才以謀變政，三請聽任疆臣各自變法。每條都申說理由，差不多有數千言。越年春，又請開制度局，詳定憲法。以下分設十二局，什麼法律局，什麼度支局，什麼學校局，什麼農局、工局、商局，什麼鐵路局、郵政局，什麼礦務局、遊會局、陸軍局、海軍局。還要廣選親王遊歷外洋，大譯西書灌輸新識，造紙幣、立銀行；遍設文藝、武備學堂；急練民兵數十萬，以資富強。這兩疏的激昂慷慨，清史中得未曾有。光緒帝瞧了又瞧，也不禁擊節嘆賞，當將原折發下部議。各部大臣有說是可行的，有說是不可行的，各爭黨見。只新黨中人，默窺皇上有志維新，紛紛上摺奏陳：或請開設經濟特科，或請頒發昭信股票，或請先立京師學堂，或請文科改試策論，武科改試槍炮。光緒帝言言採納，事事聽從，變法各詔，次第下頒。

只軍機領袖恭親王奕訢，自起任國政以來，諸多慎重，平時無左右偏袒。對於皇上變法圖強的意旨，未嘗不贊同。又素重翁同龢的學問，隱加護持，就使西太后問及，也時為解脫，褒多貶少。唯主漸進，不主躁急，尚和平，不尚激烈。以此軍機總署各機關，新舊並進，雖然各挾黨見，還虧他雙方調和，不致鬧出巨釁來。老成人尚有典型。可奈天不祚清，老成罹疾，始則肺病纏綿，繼且加以心悸。光緒帝奉著西太后，三次探問，迭見沉重。首夏三月，竟爾薨逝。遺折勸皇上澄清仕途，整練陸軍，遇著軍國重事，須稟准太后方可施行。恭王已知兩宮成隙，故有此遺疏。西太后臨邸奠醊，賜諡曰忠，命恭王孫溥偉襲爵，這也不在話下。

只是恭王一逝，維新、守舊兩黨嫉視尤甚。光緒帝毅行新法，下詔定國是，宣示中外。先是西太后聞知帝意，召帝垂詢。帝以變法圖強對。太后道：「新法非不可行，但須不背祖宗大法，無損滿洲權勢，才可酌辦。」及帝將行，又諭道：「目前最可靠的大臣，榮祿外要算剛毅。若翁同龢是不應親信的。他自詡通才，看滿人不在眼中，若叫他秉攬政權，有漢無滿，定要攪亂社稷。你須注意。」光緒帝口雖答應，意中不以為然。奈面奉慈囑，只好半從半違：擢榮祿為大學士，剛毅為協辦大學士。

榮祿歷史已見前文。剛毅為何如人？他是一個卑鄙齷齪的滿員，仗著鑽營手段，居然做到刑部尚書。相傳西太后六旬壽辰，王大臣等饋獻甚多，大都為玉如意等物，數見不鮮。萬壽節中，王大臣督撫等例進如意，以現任為限，開缺不能。獨剛毅制鐵破圖風十二面，入獻園中。並賄通李總管蓮英，託他置御道兩旁。迨慈駕出入，瞧著這鐵破圖風，雕鏤精工，頗為奇特，便問李蓮英道：「這是何人所獻？」蓮英答是：「剛毅進奉。」西太后命移入寢宮。未幾，即令光緒帝授以重任，擢為刑部尚書。他既長刑部，嘗自命為臯陶復出。陶應讀如遙，他仍讀本音，已足一噱；又稱臯陶為舜王駕前刑部尚書，越發令人噴飯；又遇著案牘中瘐斃字樣，必改瘐為瘦字。有愚直的司員，稟稱瘐字無訛，他恰怒叱道：「什麼叫做瘐斃？有罪系獄，瘦死是常有的。誤為瘐斃，還說無訛麼？」司員為他解釋字義，說明出處，他總不信。這等頑固人物，叫他入直樞機，真是清廷晦氣。誠哉是言。這且休表。

且說光緒帝詔定國是，並命內外臣工，保舉人才。翰林院侍讀李士、徐致靖應旨薦賢，第一個就是工部主事康有為。此外，還有湖南監法道黃遵憲，江蘇候補知府譚嗣同，刑部主事張元濟，廣東舉人梁啟超。啟超系康主事高弟。光緒帝瞧奏，便去問那翁協揆同龢。同龢道：「康才勝臣十倍。」這一語說得光緒帝心花怒開，隨即召見。康有為本是能言，入見時剴切直陳，說如何方能救敝，說如何便能起衰，光緒帝自親政後，從沒有見過這般敢言人士，這番遇著康主事，彷彿如昭烈遇孔明，苻堅遇王猛。兩下問對，足足有兩小時，方命退出，當日命在總署行走。

看官你想，總署中這班官員，多是資格很老，髭鬚很長，死多活少的人物，偏偏軋進一位康主事來，英稜軒露，詞採逼人，哪個不要動氣？守舊黨越加側目，集眾私議道：「小小一個主事，得蒙召見，是本朝聞所未聞。且居然廁入總署，傲然自大，目無前輩。若令他長此邀寵，我輩都可回去哩？」御史文悌道：「我等合力參他一本，便好將他驅逐。」楊崇伊道：「他是翁老頭兒舉薦。古語有道：擒賊先擒王。扳倒這翁老頭兒，康有為自無能為了。」文悌道：「翁老頭兒方得主眷，怕不容易扳倒哩！」崇伊微笑道：「我自有驅魔的妙法，你且看著。」無非去求觀世音。過了數日，竟有上諭頒下道：

協辦大學士戶部尚書翁同龢，近來辦事都未允洽，以致眾情不服，屢經有人參奏。且每於召對時，諮詢之事任意可否，喜怒無常，詞色漸露，實屬狂妄任性，斷難勝樞機之任。本應查明究辦，予以重懲。姑念其在毓慶宮行走有年，不加嚴譴。翁同龢著即開缺回籍，以示保全。特諭。

看官閱這上諭，便知是意出慈闈，光緒帝被她脅迫，不得已，才有此諭旨的。掣肘太多，如何變法。這戶部尚書一缺，調直隸總督王文韶入代，直督缺恰簡放榮祿，協辦大學士任用了孫家鼐。孫、王兩人，唯唯諾諾，全憑著資格兩字，捱到此職。只榮祿是西太后心腹，偏調任直督，這是何意？看官不必著急，待閱下文自知。故意含蓄。

那時康有為未悉內情，還是絮絮的呈請三事：要統籌全域性以圖變法；要御門誓眾以定國是；要開局親臨以定制度。意在尊重主權，力杜牽掣。可奈光緒帝的權力，遠不及西太后。西太后又創出一條新例：凡二品以上大臣謝恩陛見，並須詣皇太后前謝恩；外官也一體奏謝。這明是有心奪權，想把那京內外的官員，統罩在自己腕下，免得幫助光緒帝。守舊黨統趨承太后，仗老佛爺庇護，渾名為老母班，呼維新黨為小孩班。小不敵老，惹得光緒帝異常懊惱。又經康有為一激，遂想大整乾綱，顯出些威柄來。適值滿御史文悌，奏劾康有為誣罔，御史宋伯魯、楊深秀黨庇，請立加嚴譴等語。光緒帝憤然批斥，責其受人唆使，不勝御史之任，命回原衙門行走。文悌碰了這釘子，便去密報西太后。西太后尚不欲發作，只想把軍機裡面多用幾個滿員，便好增長勢力，省得光緒帝膽大妄為。於是又降一道懿旨，命裕祿入軍機。

光緒帝明知太后掣肘，但已決定變法，索性盡力做去：今日飭各省府廳州縣設立學校，明日諭各省士民著書製器，暨捐辦學堂者，給予獎勵；又越日，命改定文科新章；又越日，命變通武科新章；又越一兩日，命刪改各衙門則例。鬧得這班辦事人員，有的編查，有的抄寫，有的校閱，不但日無暇晷，幾乎夜不得安。光緒帝尚嫌遲慢，一諭才下，一諭又來。神機營改習洋操，各直省實行保甲，創辦中國通商銀行，設礦務總局、鐵路總局，並農工商總局於京師。申諭變法不得已之苦衷，命群臣精白乃心，力除壅蔽。你說你的話，我有我的心，單靠一個皇帝，如何能使群臣洗心。頓時京內大嘩，謠諑紛起。盛說：康有為是投洋教，曾向洋教士處買了一顆紅丸，獻與皇上。皇上服了丸藥，迷住本性，因此康有為這麼奏，皇上便這麼辦。從此過去，恐怕中國四萬萬人，統要去作洋奴哩。想總是做滿奴好！康有為聞這謠言，深抱不安，遇著召對時，直陳無隱，並願辭出總署。光緒帝點頭會意。可巧協辦大學士孫家鼐，奏請改時務報為官報。時務報本康、梁二人發起，館設滬上。光緒帝覽奏後，當即批准，諭派康有為督辦。康謝恩時，又蒙光緒帝特別召見，密談許久乃退。隨降諭旨，命裁汰京內外各官。想總由康有為奏請。京內裁撤詹事府、通政司、光祿寺、鴻臚寺、太僕寺、大理寺各衙門，京外裁撤湖北、廣東、雲南三省巡撫，並東河總督缺。還有不辦運務的糧道，向無鹽場的鹽道，亦在裁汰之例。又令官民一律應詔言事，內外大臣不得阻抑，應自陳者自陳，應代奏者代奏。

適直隸總督榮祿，齎折上陳，請皇上奉太后至天津閱兵。光緒帝稟明西太后，西太后以京津鐵路早已告成，乘此出坐火車，也是第一次消遣，便欣然照允。光緒帝即下諭准奏，擇於季秋舉行。守舊黨人以事出非常，相率驚詫。偏禮部主事王照又有一篇條陳，呈請堂官代奏。這時禮部堂官，滿尚書是懷塔布，漢尚書是許應騤；滿侍郎是坤岫、溥頲，漢侍郎是徐會澧、曾廣漢，多是守舊人物。先把王照的條陳展覽一遍，內有請剪髮、易服一條，不禁大驚道：「辮髮都可剪去麼？這真是喪心病狂了。」辮子重於性命，所以到今還有辮子將軍。

還有一條，是請皇帝奉太后遊歷日本。各譁然道：「日本國是我仇敵，要太后皇帝同去遊歷，簡直是要他性命。兩宮落了人手，便好將中國讓送日本。漢奸！漢奸！具何肺腸？」

隨後有一條是斥遂太監。大家恰不加評論，只說這等怪誕的話頭，如何代奏，便將原折擲入字簏中。不意御史宋伯魯、楊深秀等竟將此事奏聞。言官奏摺，例可直遞，當由光緒帝遣派左右，至禮部索取王照原折。懷塔布等不能不從字簏中檢出，交來人攜去。為這一事，光緒帝立降嚴旨，將禮部堂官六人，一概革職，並賞王照三品頂戴，以四品京堂候補。過了一日，又命內閣候補侍郎楊銳，刑部候補主事劉光第，內閣候補中書林旭，江蘇候補知府譚嗣同，均賞加四品卿銜，著在軍機章京上行走。又過數日，復以李鴻章、敬信兩人，籌辦新政不力，竟將他撤出總署。一面復宣諭中外道：

國家振興庶政，兼採西法，牧民之政，中外所同，而西人考究較勤，故可補我所未及。今士大夫囿於成見者，謂彼中全無條教。不知西國政令教學，千端萬緒，主於為民開其智慧，裕其身家。朕夙夜孜孜，改圖新法，豈為崇尚新奇？乃眷懷赤子，皆上天之所畀，祖宗之所貽，非悉令其康樂和親，朕躬未為盡職。加以各國交迫，尤非取人之所長，不難全我之所有。朕用心甚苦，而黎庶猶有未知，咎在不肖官吏與守舊士夫，不難廣宣朕意，乃至胥動浮言，使小民搖惑驚恐，山陬海澨之民，有不獲聞新政者，朕實為嘆恨。今將改行新法之意布告天下，使百姓鹹喻朕意，共知其法之可恃，上下同心，以成新政，以強中國。朕不勝厚望！著查照四月二十三日以後，所有關乎新政之諭旨，各省督撫均迅速照錄，刊刻謄黃，切實開導，著各省州縣教官，詳切宣講，務令家喻戶曉為要。此次諭旨，並著懸掛各省督撫衙門大堂，俾眾共觀，以袪壅隔之弊。欽此！

這道上諭，乃是光緒二十四年，歲次戊戌七月二十七日頒發。回溯四月二十三日，共三個月有奇，差不多有一百日了。點醒眉目。

至八月初一日，直隸按察使袁世凱入覲。適光緒帝在頤和園，召見袁於仁壽殿，所言皆關係新政。袁極陳可行，且奏稱練兵尤為要著。光緒帝大為嘉允，次日即諭，擢世凱為侍郎，令他專辦練兵事務。在光緒帝的意思原是不次超擢，冀他感恩圖報，為主效力。誰知人心難料，奇禍猝乘，一著走錯，滿盤失敗。有分教：

雷厲見行百日盡，冰消瓦解一旦空。

欲知光緒帝如何遘禍，且至下回續表。

本回大旨，為傳光緒帝乎？曰非也，傳西太后耳。何謂為傳西太后？曰：光緒帝之銳意變法，操之太驟，至同日斥革禮部六人，皆西太后有以激成之也。夫外患迭起，四鄰交逼，非變法何以圖存？但必須母子同心，上下協力，循序漸進，乃可奏效。乃維新者挾皇帝以自逞，守舊者仗太后以自尊，皇帝用一人，太后亦用一人，皇帝斥一人，太后亦斥一人，互相箝制，互相牽掣，新舊雜沓，阻力橫生，欲其有成得乎？至禮部六人被黜，新進四人入軍機，乃由光緒帝憤懣已極，迫而出此。水性至柔，激而行之，可使在山。光緒帝少年使氣，何怪其操切至此也！然則謂非西太后之激成，誰其信之？故觀戊戌變法之未成，令人不能無慊於慈闈云！

洩祕謀三次臨朝　反舊政六人斃命

卻說袁世凱入覲後，奉旨擢任侍郎，專辦京畿練兵事宜。因侍郎官居從二品，例應至西太后處謝恩。西太后立即召見，問及皇帝召對時，有何囑咐？袁以整頓陸軍對。西太后道：「整頓陸軍極是應辦。但近觀皇帝所為，太覺躁急，我疑別有深意。你須遵我命令方好。」世凱遵旨而出。

西太后因帝在園中，便召之入內。先淡淡地問他幾句，隨即帶著厲聲道：「什麼王照，教你剪髮易服？你道剪去辮髮，易了服式，便能自強麼？懷塔布、許應騤等人，老成碩望，你偏將他一律革職，反寵用那狂妄的賊臣。他教你剪髮，你便剪髮，他教你易服，你便易服，他教你割去頭顱，你亦依他割去麼？」光緒帝道：「從前趙武靈王易服習騎射，卒以致強……」西太后不待說完便喝道：「你算曉得幾句史事，到我面前賣弄。有人說你吃了康有為蠱藥，以致心性糊塗，看來恰不是虛言哩！」光緒帝答道：「並無此事。」西太后道：「無論有無此事，這康有為實是敗類。他在外面倡言無忌，統派我的不是。你何不叫他來管束我呢？」這句話嚇得光緒帝連忙跪下。西太后道：「你也不用這般做作，你目中尚有我麼？若是有我，也不致斥退舊臣，錄用匪類。就是這膽大妄言的康逆你也早早拿辦了。」可見守舊黨早已進讒。光緒帝不便開口，只好磕頭。旁邊侍著這位李總管，也是眼中有稜，恨不將光緒帝訓斥一番，難道是光緒帝的阿爹！西太后又語帝道：「我今天還沒暇同你算帳，你且退去，小心等著便了。」光緒帝諾諾連聲，起身退出，越宿回宮，心中很不自在。暗想：太后訓責，尚有可說，只李蓮英形容凶悍，很覺可恨。

看官！前日降謫二妃時，李蓮英尚乞免杖責，如何此時頓改初心？應二十二回。原來蓮英有一妹子，小子前曾提及。應二十一回。蓮英想乘二妃被謫，將妹子補入這缺，他妹子也懷著這想法。嘗乘光緒帝入園請安時，有心挑逗，故弄風騷。可奈美人有意，天子無情，任她如何賣俏，總是有施無報。光緒帝真是呆鳥！急得蓮英沒法，竟直稟西太后。西太后本憐愛這李大姑娘，也願替她說合。偏光緒帝抬出祖制，說是滿漢不得通婚，因此西太后不好強逼。蓮英大失所望，未免生了嫌隙。一層。還有一件。西太后入園後，蓮英勢力愈大，作出一條新例：不論皇親國戚，入見太后，必需門費。就是皇帝也要照例。光緒帝很是不悅，雖不好直稟西太后，當面總不免詰責。又多了一種芥蒂。二層。而且王照條陳，請斥太監，明明是指著李蓮英。光緒帝反獎他敢言，擢為京卿，蓮英得知如何不惱？由是恨上加恨。三層。一班守舊黨人，揣摩迎合，要想趨奉西太后，不得不巴結李蓮英。總教蓮英在西太后前，添了一兩句好話，就使千金萬兩也沒甚可惜。橫直是民脂民膏，樂得使用。蓮英一舉兩得，便與舊黨中人，時常密議。舊黨浼他設法，盡逐維新黨。蓮英道：「太后最相信的是榮中堂。前日簡放直督，就令他鎮定軍心，免為煽動。前回疑案至此才現。乘此內外溝通，再請太后出來訓政。不但這等小孩班毫不中用，就是他的主子，要他這樣便這樣，要他那樣便那樣。」主子是別人的，何妨把他摔去。說至此伸手一握，獰然微笑。形容盡致。御史楊崇伊道：「這是第一個妙策，明日就去見榮中堂罷！」議畢，彼此分手而散。

越宿，楊崇伊即赴天津去了。又越宿，乃是八月初五日。天將明，光緒帝御乾清宮召見袁世凱，袁正要請訓出京，聞命趨入。光緒帝單獨垂詢，問他肯忠事朕否？世凱自然照答：「願效微忱。」光緒帝道：「好！好！朕有一道密旨，你快去照行，不負朕心。」隨從袖中取出一小束，遞與世凱。世凱雙手接奉，復請光緒帝明訓。光緒帝道：「都在這密旨內，趕即出去照辦便是。」世凱遂謝恩退出。正要出殿，突見殿外有人影一閃，險些兒要叫出來，連忙忍住了，匆匆回寓，把密旨展開，內藏小箭一支，取箭覽旨不覺伸舌。他本是心性靈敏，忙將密旨及小箭藏入懷中，即帶著隨人，出了京城，竟乘火車赴津去訖。不即敘密旨內容，筆法深沉。

到八句鐘，西太后自園入宮親祀蠶神，光緒帝出瀛秀門跪迓。慈輿入宮祀神畢，暫居西苑。午膳已過，轉瞬薄暮，西太后正在西苑遊覽，陡見一人踉蹌奔入，到西太后前連忙跪下碰頭。西太后驚訝道：「你是何人，不奉宣召，擅來謁見？」榮祿道：「奴才系榮祿，求老佛爺救命。」西太后道：「你為直督，何得擅自離任，違禁入宮？且有什麼事要我救命？這裡也不是你避難地方，你敢是病狂麼？」榮祿碰頭道：「奴才並不病狂。現有緊要密陳，乞太后俯諒愚忱，好使奴才詳奏。」西太后會意，便命內監退出，只留李蓮英在側。榮祿取出光緒帝密旨，呈與太后。太后瞧畢，不由的心中大怒，面上卻故示從容道：「這事可真麼？」榮祿道：「這是袁世凱交與奴才的。他是晌午到津，奴才不敢不來。乞老佛爺救命。」西太后道：「你去傳召幾個王大臣，到此會議。」榮祿忙起身去訖。看官到此定要究問密旨內容，小子正好乘隙一敘。這密旨所說，乃遣袁世凱速往天津，襲殺榮祿，奪了兵權，代任直督；隨帶兵星夜入都，掃清舊黨等事。計是好的，可惜所託非人，且行之亦覺太驟。西太后食了晚膳。不一時，禮王世鐸，協辦大學士剛毅，軍機大臣裕祿，已革禮部尚書懷塔布、許應騤等，都隨榮祿入西苑，最後還有一個楊崇伊，想是隨榮祿同來。統向西太后叩頭。太后把密旨略述，各大臣都請太后速出訓政，毋蹈危機。西太后點頭，復語榮祿道：「你有無親兵帶來？」榮祿道：「奴才來京時，已與袁世凱商定，令他夜開專車，派兵千名到京，大約翌晨可到。」西太后道：「這卻很好。但目下且守祕密，俟來兵入京，把侍衛調出，方好行事。你明日仍迴天津，截住逆黨，休令逃脫。」榮祿遵旨。議定後，一律退出。

這時有一個孫太監，略得會議風聲，忙去奏報光緒帝。光緒帝知凶多吉少，急自草一諭，令孫監密遞康有為，命他速往上海，毋再遷延觀望。康主事見夤夜遞諭，情急可知，也不及通報同志，連胞弟廣仁在京，都無暇顧及，候到黎明，只帶些細軟對象，挨出京城，乘火車至天津，復搭輪直往上海。榮祿在京待至兵到，調入禁城，方好乘車赴津，那時康有為已乘輪南下了。光緒帝懷疑未定，夜間不能成寐，聞雞即起。用過茶點，入中和殿，閱禮部奏摺，是預備秋祭典禮，倒也不放在心上，只批「知道了」三字，便算了結。此外也沒甚要件，便即出殿。

忽有一西苑宮監，傳宣懿旨，召帝立刻入見。光緒帝嚇了一大跳，好似晴空中起了霹靂，不由得膽顫心驚，無奈宮監催促，只好隨至西苑。一入苑門，赫赫威靈的李總管，已帶領閹黨，在門內等候。見了光緒帝，也不請安，便昂然道：「老佛爺有旨，命萬歲爺至瀛臺召對。」這語一傳，那閹黨即上來擁護，翼著光緒帝前行。約半裡，過了小橋，即至瀛臺，裡面闃寂無人，光緒帝問太后來未，蓮英厲色道：「慈駕就到。」不一時，西太后乘輿至，後面隨著皇后，連瑾、珍二妃也都帶來。光緒帝莫名其妙。只見西太后下輿，怒容滿面，由光緒帝跪迎入室，西太后坐下，舉指向帝道：「你過來！你何故忘我大恩，膽敢謀我性命？」光緒帝忙跪叩道：「子臣怎敢！」西太后道：「你說不敢，你為何叫人帶兵圍頤和園？」光緒帝聞此，不覺發抖道：

「沒……沒有此事。」西太后道：「你也不必抵賴。你入宮時，年只五歲。立你為帝，撫養成人，以至歸政，我待你也算不薄了。你要變法維新，我也不來阻你，為什麼喪盡天良，要加害我身呢？」光緒帝只是磕頭，不敢再言。可憐，可嘆！西太后道：「你是命薄，沒福做皇帝，聽人唆使，好像一個傀儡。我也命苦，滿望歸政以後，好享幾年清福，誰知鬧出這般禍祟來。現在親貴重臣又要請我訓政。你試想想，我是六十多歲的人了，這副重擔如何還要我挑？像你方值壯年，正好勵精圖治，為何王大臣們沒有一人向你？就使有幾個漢奸，似乎助你，其實要攬壞我的清室江山。祖宗辛苦經營，難道由他斷送麼？」言至此，眼眥瑩瑩，似乎要墜下淚來，遂取襟下細巾，拭了鳳目，復道：「像你也不配做皇帝。除非換一個誠孝的人，還好纘承祖武呢！」復顧皇后道，「我道你是我侄女兒，也好替我勸著皇帝，竭盡孝思。不料你也這般沒用。」皇后也跪下謝罪。西太后道：「你也沒有什麼大罪。不過你失於監察，聽他這個梟獍，設計謀我，所以我要責你。從今日始，你須監視他的舉動，日日報告。如或替他隱飾，哼！哼！我先要將你處治呢。」究竟是姑母侄女，比待同治後，大不相同。皇后唯唯遵命。忽見珍妃跪下道：「皇上一時愚昧，聽信匪人，還求聖母寬恕。」西太后怒道：「都是你等狐媚子蠱惑皇上。正要將你等處治，你還敢來多嘴麼？」珍妃本是膽大，索性昂頭道：「皇上乃一國共主，聖母也不便任意廢黜。」語未說完，面上已著了一掌。但聽西太后大喝道：「快將這賤人牽出去。她前時囚禁三所，不盈百日，得蒙釋放，想她這副賤骨頭，總不配居住宮內，罰她一個永禁三所，還是特別加恩哩！」光緒帝與珍妃，福氣原是淡薄，那能及你老佛爺！當由內監過來，將珍妃攆出門外，引至三所去了。這三所究在何處？小子於二十二回中，未曾表明，不得不補筆敘清。三所在景運門外，系是三間密室，凡宮眷有罪，統要罰禁在此。屋式與女獄相等，重門局鍤，僅通飲食。當珍妃出去的時候，光緒帝偷眼相看，只見她愁眉半蹙，淚眼雙垂，緋紅如泛水桃花，墜粉如帶雨海棠，已至門外還是回顧，光緒帝有戀戀不捨情狀。我見猶憐，忍哉西后！此時的光緒帝好似萬箭穿胸，無奈自身尚且難保，那能顧及妃子。瑾妃雖關懷手足，礙難乞情，只好眼睜睜地由她牽出。就是懷著兔死狐悲的痛淚，也唯有暗落柔腸。西太后復語皇后道：「留你在此，你須記著我語。我要到大內去，緩緩兒同他算帳。」又語李蓮英道：「你去選幾名妥當的太監，服侍皇后。前時皇上所用的內監們，統用不著。你去細細審問，有罪的處死，沒有罪的逐出宮外。」蓮英應了幾個「是」字，西太后即抽身出去。瑾妃以下一律隨出。西太后上輿過橋，覆命蓮英道：「你去飭遣侍役，將橋板拆去。此後往來瀛臺，有舟可通，無須此橋。」可謂嚴防。原來瀛臺在西苑湖中，四面環水，只有一橋通陸。西太后命拆去此橋，是不許旁人出入的意思。蓮英奉命，俟侍從過完，當場督役拆橋。迨橋板拆去，慈輿已去遠了，蓮英忙出西苑，飛至大內。忙字，飛字，寫得盡情。

宮中的人已黑壓壓的擠滿一堆。有兩個軍機大臣，援筆擬旨。一道是矯稱帝詔，說：朕躬遇疾，再請太后訓政，暫在便殿辦事，至本月初八日，朕率王公大臣，在勤政殿行禮，著禮部衙門敬備典儀；一道是飭步軍統領速拿康黨。略說：康有為大逆不道，謀圍頤和園，劫制皇太后。其黨張蔭桓、徐致靖、楊深秀、楊銳、林旭、譚嗣同、劉光第、梁啟超、康廣仁等，一併革職逮捕治罪。兩諭頒發出去，西太后方命辦事諸員，退出休息。蓮英謁過太后，復去將光緒帝舊用宮監十二名，一一傳訊。不管他有罪沒罪，但教素來有點情誼，或立獻巨金，即說他無過，出宮了事，否則任情杖責，血肉橫飛，好幾個斃於杖下，僥倖不死的發往充軍。自殘同類。

是夕步軍統領，即來復旨，命捕諸人多已拿到，只逃了首逆康有為及梁啟超。西太后忙命軍機飛電各省，嚴緝康梁。

康有為逃至上海，將要進吳淞口，舟忽停住，來了一個洋人，挨艙搜尋。見了有為，似曾相識，便操著華語道：「康先生，你好大膽！敢來此地？」有為瞧著，乃是海關上辦事洋員，向與有一面交。忙起與行禮，問著何事？西人就把京電緝拿略述一遍。有為不得已乞救。西人道：「本意是來代緝，如今反為代縱。好在你是政治犯，快來，隨我同去。」有為即跟他出艙。見西人另有小輪，便舍了原舟，趨入小輪而去。看官！你道政治犯是什麼解釋？為國家政治上犯罪，叫做政治犯，乃是公犯與私犯不同。西國律例：凡他國政治犯逃至本國，不得交還。所以西人好帶著遠颺。有為所乘的輪船，本外國商人創辦，海關人員見了，自然奉命維謹。有為隨西人到關上，改乘英國威海司軍艦，竟往香港去了。鴻飛冥冥，弋人何篡。梁啟超命不該絕，這日正有事赴津，聞榮祿發兵入京，料知官禁有變，急投日本兵艦，逃往橫濱。自此師弟兩人出亡在外，組保皇會，辦清議報，直至宣統革命，黨禁撤銷，方得東歸。這且按下不提。

且說西太后三次訓政，八面威風，各位頑固老臣，統是喜氣洋洋，非常得意。獨這頹然失勢的光緒帝，形容慘淡，步入勤政殿中，對著這位華服雍容的西太后，行過三跪九叩禮；然後各王大臣統排著位次，跪伏殿階。殿中肅靜無嘩，只有一種蓬蓬勃勃的聲音，響應方磚。看官道是何聲？乃是王大臣的碰頭聲。筆下有力，刻劃盡致。行禮已畢，未幾還朝，光緒帝仍返禁瀛臺。次日即用帝名降諭道：

朝廷籌辦新政，冀為國家圖富強，為吾民籌生計，並非好為變法，棄舊如遺。此朕不得已之苦衷，當為天下臣民所共諒。乃體察舊日民情，頗覺惶惑，總緣有司奉行不善，以致無識之徒，妄相揣測，議論紛騰。即如裁併官缺一事，本為淘汰冗員。而外間不察，遂有以大更制度為請者。舉此類推，將以訛持訛，伊於胡底？若不開誠宣示，誠恐胥動浮言，民氣因之不靖，殊失朕力圖自強之本意。所有現行新政中裁撤之詹事府等衙門，原議將應辦之事，分別歸併，以省繁冗。現在詳察情形，此減彼增，轉多周折，不若悉仍其舊。著將詹事府、通政司、大理寺、光祿寺、太僕寺、鴻臚寺等衙門，照常設立，毋庸裁併。其各省應行裁併局、所冗員，仍著各該督撫認真裁汰。至創辦時務官報，及準令士民上書，原以寓明目達聰之用。唯現在朝廷廣開言路，內外臣工條陳時政者，言苟可採，無不立見施行。而疏章竟進，輒多摭拾浮詞，雷同附和，甚至語涉荒誕，殊多龐雜。嗣後凡有言責之員，自當各抒讜論，以達民隱而宣國是。其餘不應奏事人員，概不准擅遞封章，以符定製。時務官報，無裨治體，徒惑人心，並著即行裁撤。大學堂為培植人才之地，除京師及各省會業已次第興辦外，其各府州縣議設之小學堂，著該地方官察酌情形，聽民自便。其各省祠廟，不在祀典者，茍非淫祀，一仍其舊，毋庸改為學堂。此外業經議行及現在交議各事，如通商、惠工、重農、育材，以及修武備、浚利源，實繫有關國計民生者，亟當切實次第舉行。其無裨時政而有礙治體者，均毋庸置議。著六部及總理各國事務衙門，詳加核議，據實奏明，分別辦理，以副朝廷勵精圖治不厭求詳之至意。將此通諭知之。

自有此諭，已將新政根本，全盤推翻。隨後覆命各項考試，仍用制藝，停辦經濟特科，禁止報館，撤銷農商總局，不准士民結社集會。舉光緒帝半生心血，百日精神，都化作過眼煙雲，消滅無遺了。

西太后復下嚴厲手段，令將楊深秀、譚嗣同、林旭、楊銳、劉光第、康廣仁六人，即行正法，毋庸刑部訊鞫。六人臨刑，神色不變。嗣同尚談笑自若，宣言道：

「中國數千餘年來，未聞有為國變法，以致流血，此番算是第一遭了。人誰不死，死後揚名，怕不是碧血千秋麼？」六人同時遇害，時人呼為六君子。又將張蔭桓發配新疆，嚴加管束，徐致靖永遠監禁，李端棻革職充戍，陳寶箴革去巡撫職，永不敘用，復奪翁同龢原官，交地方官看管。一面命榮祿為軍機大臣，節制北洋諸軍。特任裕祿為直隸總督，許應騤為閩浙總督，老母班一概起復，小孩班一概誅逐。然後再作幾篇官樣文章，作為上諭。如融黨見，杜攻訐，清理訟獄，訓練兵勇，懲戒盜賊，勸課水利、農桑，飭辦積穀、保甲、團練等事。守舊黨人盛稱西太后功德，彷彿是個女中堯舜。小子有詩詠道：

撥翻新政見雌威，率土臣民莫敢違。
盡說女中有堯舜，如何清室竟衰微？

欲知後來情狀，看官試閱下回。

光緒帝之急於圖強，與維新黨之侈言變法，皆蹈欲速不達之弊，不能盡為無咎。然如西太后手段之辣，心思之悍，誠呂、武以來所未有。我不敢謂維新黨之足以興國，我卻敢謂西太后之必致喪邦。滿廷老朽，讒構有餘，加以閹豎李蓮英，勢傾內外，能無論胥以亡乎？古人謂牝雞司晨，唯家之索，觀是書而益信矣。

大阿哥入嗣宗祧　義和團旁拯畿輔

卻說西太后誅逐新黨，力反舊政，已是不遺餘力。又因總署缺人，特命徐用儀、許景澄、袁昶、桂春、趙舒翹、聯元、啟秀、裕庚等人，先後入直。並將天津閱操的成命，一律收回。且下詔遍求名醫，入視帝疾。略稱：自四月以來，朕即覺違和，一病至今，尚未輕減云云。四月中下詔變法，大有精神，如何說是有病。可見全是誑語。於是各省皆徵名醫入都，連西醫都色夫，籍隸法國，也至西苑診視。小子生長南方，只聞江蘇名醫陳蓮舫，被征北上，到京後，由軍機處帶領入殿。陳醫照例跪叩畢，屈膝如故。暗窺西太后與光緒帝對坐，中置矮桌，光緒帝面白無色，似有倦容，形容瘦弱，鼻如鷹鉤，獨西太后威儀嚴整，奕奕逼人。向例醫官不能問皇帝病狀，因此帝病由太后代述，光緒帝隨時頷首，或略說一二字，證實病狀。至西太后命診帝脈，光緒帝方伸手置矮桌上。陳醫跪按帝脈，模模糊糊的診了一番，也不識他是什麼病源。實是愁病。西太后又接述病情，略說舌苔如何？口中喉中生瘡如何？陳醫又不便仰視，姑妄聽之而已。西太后語畢，陳醫即退出，擬就一個不死不活的方劑，呈上軍機，懇他轉奏。自思藥不對症，未能見效，不如趕緊出都。當時江蘇巡撫曾送贐儀六千兩，他即將這銀賄託要路，方得回南。白跑了一次，還虧沒有意外，乃是不幸中的幸事。

話休敘煩。且說西太后既幽禁光緒帝，有意廢立，因恐中外反對，不好徑行。暫時且託稱帝疾，敷衍了一年，暗中時作廢立的思想。擬厚集兵力，抵制中外，方好把光緒帝捽去。因是命榮祿節制北軍，教他認真訓練。榮祿遂奏設前、後、左、右、中五軍：前軍把守北洋門戶，駐紮北塘、大沽一帶，即以聶士成所統武毅軍編制。為下文死事張本。後軍駐紮薊州，兼顧通州，即以董福祥所統甘軍編制；左軍駐紮山海關內外，專防東路，即以宋慶所統武毅軍編制；令袁世凱募建陸軍，駐紮小站，扼津郡西南要道，稱為右軍，革命後，袁得任總統，便是小站練兵的效果。自己另招親兵萬名，作為中軍，駐紮南苑，保衛京師。五軍同時籌備，滿望將京畿四面，布置得密密層層，與銅牆鐵壁相似。可奈國帑空虛，有兵無餉。遂命協辦大學士剛毅啟節南下，先到江南，繼到廣東，兩處搜颳了幾百萬銀子，才賦言旋。不知他中飽若干？西太后尚嫌不足，覆命各省將軍、督撫，著力整頓關稅、厘金、鹽課等項，凡商民輸納的款子，統要和盤托出，不得隱匿。其如官吏不從何！並令輪船招商局、電報局、及開平礦務局，盈餘利息，酌提歸公，作練兵的尋常經費。計劃已定，便提議廢立問題。

其時端郡王載漪的福晉，入侍太后，已有數年。應二十一回。西太后頗加寵愛。遂命端郡王載漪，督練虎神營。這叫做妻榮夫貴。載漪頑劣無能，何知兵事？不過用了幾個文牘員，上了幾本虛張聲勢的奏摺，西太后遂說他訓練有效，從優獎敘。他有一子名叫溥儁，年方十四，嘗隨母入宮。他有一種小聰明，無論什麼玩具，叫他一學，數日即能。兼且善能唱戲，所有汪大頭、譚叫天的腔調，都能心領神會，隨口摹仿。因此太后異常愛他。好入戲迷傳。他是道光帝曾孫，與同治、光緒二帝為猶子行。但支派已經疏遠，論理不應入嗣。西太后注意擇賢不論親疏，總教是自己中意，便好將他立為儲貳。所謂溺愛不明。

可巧承恩公崇綺，廢居私邸，閒散多年，得著這個訊息，暗生覬倖，嘉順皇后的遺恨，難道已忘卻麼？密與大學士徐桐、尚書啟秀往來籌議，想乘此定策禁中，得邀殊寵。可奈朝廷大權，統在榮祿掌中，若要陰謀廢立，必須榮祿預奏太后，方可有成。當下同造榮第，先探榮祿意思。榮祿依違兩可，三人告別歸來，夜間即由崇綺密具疏草，引經援史，做了一篇煌煌大文，不愧殿撰才！徐、啟二人瞧著，大加褒賞。崇綺道：「這篇奏摺，大致頗中時要。但必須榮中堂聯銜，較為有力。」徐桐道：「那個自然。啟兄與榮中堂莫逆，明日請先為通意。」啟秀應允。次日朝罷，啟秀隨榮祿退歸，便與密商署折事。榮祿道：「這事恐不易辦到的。你不聞南方督撫早有違言嗎？」啟秀問是何人作梗？榮祿道：「太后早有此意，我兄弟未敢贊成。前曾發了密電去問南方各督撫，江督劉坤一覆電到來，首先梗議。照此看來，這事只好緩圖。」啟秀道：「公不聞伊霍之事麼？古語有云：『欲立非常之功，必待非常之人』，如我公功德崇隆，一舉手間，便可成事。伊霍不能專美於前，寧畏一外省疆臣麼？」諛中寓激，措詞真巧。榮祿道：「一個江督原不足畏，但外國駐京公使也常來問帝病狀。一旦事出非常，安保不來詰責？」啟秀聞到這語，頗也躊躇起來。尋又答道：「慈壽已高，將來復要歸政，為之奈何？」惕之以利害，又進一層。榮祿不禁嗟嘆道：「這也只好聽天由命。」啟秀復道：「崇、徐二公，少頃當來拜會。晚生要拜別了。」榮祿也不挽留，送行時只諄囑道：「二公處為我致意，幸勿魯莽。」啟秀唯唯，出了榮第，即至崇、徐處報聞。崇、徐復親至榮第投刺，不料門上竟稱「擋駕」。惹得崇、徐二人懊惱起來，竟大著膽把三人聯銜的奏章，浼了李總管，直達慈寧宮。

西太后覽奏心動，是晚即召親信王大臣密議。王大臣等多未接洽，奉了密旨，統是忐忑不定，陸續到寧壽宮。排班碰過了頭，西太后即宣諭道：「今上嗣統，國人多說次序未合。我因帝位已定，自幼撫養，直到今日。不料他毫不感恩，反而對我種種不孝，甚至與南方奸人同謀陷我，如此行為還配做皇帝麼？」王大臣們尚未答言，太后又說道：「我意已決議廢立，改擇新帝。此事可於明年正月元旦舉行。汝等今日可議：今上廢后應加何等封號？明朝景泰帝嘗降封為王，古例也好援用麼？」這旨一傳，那大學士徐桐，便碰頭奏道：「從前金封宋帝，曾有昏德公名號，或可照用。」引明不若引金，真好滿奴。西太后略略點頭，隨又道：「新帝已擇定端王長子。端王秉性忠誠，汝等應亦共知。他子性亦聰敏，若立他為帝，可無後慮。」說至此，即旁顧載漪道：「汝此後可常來宮中，監視新帝讀書。」載漪聞言，幾乎自頂至踵，無不爽快，忙即跪伏，磕了幾個響頭。忽有一人啟奏道：「依臣愚見，事宜從緩。倘若速行，南方恐要有變。現在不如默選賢良，參酌列祖列宗成例，俟要嗣立，方可舉行。」太后瞧將過去，諫阻的人乃是協辦大學士孫家鼐，還是此人。不由的沉著臉道：「這是我們一家人會議，兼召汝等漢大臣，不過顧著汝等體面。況此事曾告知皇帝，皇帝也沒有什麼異言。汝等明晨至勤政殿候著，我當飭召皇帝御殿定奪便了。」王大臣等聞命趨退。端王載漪怒目視孫，恨不得將他撲殺，只在西太后面前不便發作，怏怏趨出。獨榮祿奉著懿旨，特別留住，又歷一小時乃退。

翌晨，各王大臣至勤政殿，佇候了一句鐘，但見西太后乘著慈輿，由數太監簇擁前來。大眾在階下跪接，俟太后下輿入殿，諸人齊起，至殿門外跪下，約數分鐘。見李總管蓮英導著帝駕，至殿門外下輿，登殿行跪叩禮。西太后道：「起來！」帝謝恩而起，從旁坐下。太后又召諸王大臣入殿，王大臣等入殿下跪。只聽西太后語帝道：「你年已及壯了，尚無後嗣，更且多疾，我意擬選立儲君。你意以為然否？」光緒帝不敢多言，只答了一個「是」字。苦呵。西太后即諭王大臣道：「帝意亦是如此，汝等諒各聽見了。」王大臣等齊稱「遵旨」。西太后復諭榮祿道：「你去飭軍機擬旨吧。」隨即退朝。

又越日大叢集臣於儀鑾殿，凡近支親王貝勒、御前大臣、內務府大臣、各部尚書、南上兩書房翰林，齊集殿階。太后及光緒帝尚未到殿，大眾各附耳密談，爭說今日有廢立情事。內廷承值的蘇拉，清宮太監名。且昌言道：「今日要換皇上了！」不一時，兩宮駕到。

俟大眾跪叩後，即命榮祿頒發諭旨。其文云：

朕以沖齡，入承大統，仰承皇太后垂簾訓政，殷勤教誨，巨細無遺。迨親政後，正際時艱，亟思振奮圖治，敬報慈恩，即以仰副穆宗毅皇帝付託之重。乃自上年以來，氣體違和，庶政殷繁，時虞叢脞。唯念宗社至重，前已籲懇皇太后訓政。一年有餘，朕躬總未康復，郊壇宗廟諸大祀，不克親行。值茲時事艱難，仰見深宮宵旰憂勞，不遑暇逸，撫躬循省，寢食難安。敬溯祖宗締造之艱難，深恐勿克負荷，且入繼之初，曾奉皇太后懿旨，俟朕生有皇子，即承繼穆宗毅皇帝為嗣。統系所關，至為重大，憂思及此，無地自容，諸病何能望愈。用再叩懇聖慈，就近於宗室中慎簡賢良，為穆宗毅皇帝立嗣，以為將來大統之畀。再四懇求，始蒙俯允，以多羅端郡王載漪之子溥儁，繼承穆宗毅皇帝為子。欽承懿旨，欣幸莫名，謹敬仰遵慈訓，封載漪之子為皇子。將此通諭知之。

看官記著，這道諭旨，乃是光緒帝二十五年十二月二十四日頒發。當時王大臣等起初疑是廢立的懿旨，及看到此諭，方知是選立儲君。頒諭後，王大臣等退朝，還是嘖嘖私議。預料明年元旦，嗣皇總要登基。誰知元旦這一日，寂無影響，反下了一道恩詔：因光緒帝三旬壽辰，賞賚王公大臣有差。這正是莫名其妙了。後來細細探查，乃知西太后本擬廢立，嗣因大臣會議，被孫家鼐諫阻，未免動疑起來。隨即留住榮祿，詳詢可否？榮祿婉言奏道：「聖母懿旨，誰敢抗議？但今上過失未曾表明，外國公使如來干涉，倒是一樁難事。」西太后道：「木將成舟，如何是好？」榮祿道：「這卻無妨。皇上已值壯年，尚無皇子。為穆宗毅皇帝大統計，應早立儲。今立端王子為大阿哥，承繼穆宗，撫育宮中，慢慢兒的瞧著機會立為嗣皇帝。那時名正言順，不怕外人梗議了。」榮祿未嘗維護光緒帝，不過慎重一點。西太后默思良久，方道：「汝言亦甚有理。」隨命退息。因此榮祿獨遲遲出來。

只這位協辦大學士孫家鼐，一時迫於忠憤，直言諫阻，繼思得罪端王，定多不便，遂乞了病假，安然回籍。恰是明哲保身。他的遺缺由王文韶補入。王協揆隨處圓到，京中號他玻璃蛋，光滑的了不得，所以始終不遭險難。當時還有滬商經元善，聯繫義士，拍了一個長電，力爭廢立事情。西太后大為憤怒，立飭軍機電達江督，嚴拿元善。電文才發，東洋又來了一電，辱罵西太后，並說義師雲集，指日來京問罪。氣得西太后渾身發抖，又命軍機電飭沿海疆吏，懸賞十萬金，捉拿康梁。畢竟大海撈針，無從搜捕。不但康梁遠颺，連經元善也不知去向了，立儲既定，溥儁即入居宮中，仍闢弘德殿教他讀書，闔宮稱他大阿哥。命崇綺為師傅，徐桐為監管。大阿哥性好遊狎，要他靜心讀書，好像牛鼻上穿繩，那裡情願？虧得崇、徐兩公，統是好好先生，不去嚴行監督，所以大阿哥尚覺自由。他生平最喜歡的有兩只洋狗，一入宮就帶了進去。別人還道他讀書，誰知他一味弄狗。一班狐群狗黨，何分人畜。乃父端王，得了這個機會，權勢越大。除崇綺、徐桐外，如剛毅、啟秀、趙舒翹、英年等人，沒一個不去趨奉。榮祿雖勢力相埒，究竟位在彼下，也只得略獻殷勤。還有載瀾、載勛、載瀛、載濂、載瀅等，統是他兄弟行，巴不得他父子發跡，好做現成的皇叔。湊巧山東巡撫毓賢，密報端邸，說有一種義和拳民，刀箭不入，槍炮不受，確是有些神技。想繫上天有眼，賜佐新君等語。亂拍馬屁。端王載漪聞這訊息，不覺歡躍異常。暗想廢立的事情，不即舉行，無非為了洋人乾涉，防他興兵挾制。若得這班義民，驅逐洋人，那時便好廢立，自己好做太上皇帝，連西太后也可捽去了。人有千算，天叫一算，奈何。忙進見西太后，奏稱山東有義和拳，如何能幹，可以試用。西太后道：「這等都是邪術惑人，有什麼用處?」初見甚明。端王撞了一鼻子灰，惘然趨出。次日奉諭：山東有義和拳會，以仇教為名，到處滋擾，並及直隸南境一帶。此種匪徒，私立會名，聚眾滋事，恐無知愚民，被其煽惑，釀成巨案，迨至用兵剿辦，所傷實多。朝廷不忍不教而誅，著直隸山東督撫嚴諭禁止等語。

端王看到此諭，懊惱得了不得。只暗中密復毓賢，叫他竭力保護，毋庸遵旨。這毓賢本端邸走狗，這是中國狗，不是西洋狗。端邸的說話，勝如懿旨，自然唯命是從。當下出示張貼，令改義和拳為義和團，認真訓練。這班拳民，見了此示，越加欣躍。於是毀教堂，掠教民，無所不為，居然張起毓字黃旗，與洋人為難。各國駐京公使行文總署，請派兵速剿拳匪，並將東撫毓賢撤任。總署接這照會，奏聞西太后。太后命將毓賢調京，換了一個袁世凱。袁到任，一意主剿，派兵數千名，分頭截擊。那班義和團倒也耀武揚威，出來接仗，戰了一場，被官兵殺得七顛八倒，連首領朱紅燈，也由官兵拿去梟首示眾。神技如何不用？剩了好幾百敗殘團民，抱頭鼠竄，都逃入直隸南境。直督裕祿與端王向來要好，早接端王密函，有心招集團民，來一個收一個，來百個收百個，三五成群，四五結黨，自然越來越多。

究竟這義和團，是民是匪？作書人不得不追究來源。這義和拳，就是八卦教的遺孽。有乾字拳、坎字拳、震字拳、坤字拳諸名目，捏造符咒，練習拳棒，自稱受玉皇大帝差遣，除滅洋人。他所持的咒語，約有數種，說將起來統是噴飯。一種咒語是：快馬一鞭，西山老君，一指天門動，一指地門開。要學武藝，請仙師來。一種咒語是：天靈靈，地靈靈，奉請祖師來顯靈。一請唐僧豬八戒，二請沙僧孫悟空，三請二郎來顯聖，四請馬超黃漢升，五請濟顛我佛祖，六請江湖柳樹精，七請飛鏢黃三太，八請前朝冷於冰，九請華佗來治病，十請託塔李天王。金吒木吒哪吒三太子，帶領天上十萬神兵。這兩種咒語，最是通行。還有什麼天光老師、地光老師、日光老師、月光老師，及長棍老師、短棍老師等咒，述不勝述。練技時，設案焚香，叩頭膜拜，拜後焚符唸咒，念畢咒語，伏地不動，霎時間口吐白沫，跳躍而起，持刀飛舞，如瘋如狂。或有用符佩帶身上，說是可避炮火。符用黃紙一張，繪以硃砂，中有一像，非人非鬼，非神非妖，有頭無足，面尖削，但有眉眼，頂上有四光環，當胸寫小字一行，乃「我為冷雲佛，火神在前，太上老君在後」十餘字。此外又有菩薩、龍、虎等字。種種怪誕，不值一辯。又有一種紅燈照，統是婦女演習，穿著紅衣紅褲，右手持紅燈，左手持紅摺扇，年長的梳高髻，年幼的挽雙丫髻，在靜室中先習數日，術成後，持扇自煽，據說能升高躡空，飛行自如，把燈擲下，便成烈焰。先是，天津府北鄉開掘支河，挖起一方殘碑，上有二十字，模糊可認。其文道「這苦不算苦，二四加一五，滿街紅燈照，那時才算苦」。當時大家瞧者，無從索解。至拳匪鬧事，聯軍入京，津民流離遷徙，備極慘狀，遂有人解釋碑文，謂：上兩句指甲午事，下兩句指庚子事。甲午年有中日之役，京畿戒嚴，百姓也恐慌得很，後來馬關訂和，民心乃定。庚子年便是光緒二十六年，拳匪擾亂，天津大擾，才算是真苦了。小子詩興復發，又隨筆湊成七絕道：

黃巾以後又紅巾，邪教由來盡匪人。
怪底朝臣甘庇縱，竟教小丑擾京津。

欲知拳亂如何結果？試看下回便知。

婦人最多偏愛，亦最忌偏愛，偏愛則種種嫌隙因之以起，家不能齊，遑問治國？西太后名為英明，乃偏信端王載漪，竟立其子。試思光緒帝五齡入宮，自幼撫養，以至成人，尚有母子離心之患。豈十四歲之溥儁，必能毋違慈命，始終如一耶？崇綺、徐桐輩，利令智昏，尤不足道。甚至以荒誕支離之邪教，竟視作義民，妄思假彼術以排外。愚昧如此，實古今歷史上之所罕覯者矣！故有古今罕覯之愚人，乃釀古今罕覯之奇禍。讀是回，為之憤然。

袒拳匪誤信邪術　頒戰諭開罪友邦

卻說山東巡撫毓賢，奉調入京。甫下車即至端邸謁候。載漪問義和團形狀，毓賢稱神技足恃，可以驅滅洋人。坐實禍首。載漪道：「果真靠得住麼？」毓賢把團民技術極力誇張，說得天花亂墜，不由載漪不信。載漪隨道：「太后尚是懷疑，奈何？」毓賢道：「太后未曾親睹，難怪不信。先請王爺會集軍機詳奏一本，俟太后見召晚生，再為證實，這位老祖宗也可相信了。」載漪依計，便邀集各位懿戚及徐桐、剛毅、啟秀等，到邸密商，託大家慫恿太后，信用義和團扶清滅洋。大家齊聲道：「儲君新定，百神效靈，所以降此義民來除妖孽。老佛爺近日也聞著義民忠勇，稍稍心動。總教各人協力，先後啟奏，就可奉旨照行了。」統是做夢。載漪道：「全仗！全仗！」大眾退去。載漪又密飭裕祿，叫他趕緊招練團民，準備與外人對仗，倘得成功，不吝重賞等語。裕祿得了此信，特別效力，陽奉太后旨意，遣兵剿捕，暗中恰與將弁說明，與團民通同一氣。所以直隸境內隨處設壇，幾變成拳匪世界。

李伯相鴻章自西太后三出訓政，命他巡閱黃河，此時已回京覆命，寓居賢良寺。聞端王載漪等將召集拳匪，與洋人為難，料知京中不甚安靖，一旦亂起，未免玉石俱焚，遂去與李總管商議，乞放外任。可巧兩廣總督譚鐘麟被御史參劾，說他老邁昏瞶，有開缺的訊息。李總管即面稟西太后，不如令老李代任。西太后照准，竟命李鴻章去代譚鐘麟。老李聞命大喜，即日請訓出京，乘輪南下了。此老畢竟狡猾。

轉瞬間已是仲夏，拳匪猖獗天津，竟將京津鐵路拆掉，並由紅燈照女子，毀壞車站。駐京西使屢向總署詰責。西太后得此訊息，尚有嚴拿首要的諭旨。會直隸副將楊福同，為了淶水鬧教，出去彈壓，被拳匪當場戕害。警報直達清廷。西太后便召端王以下王大臣密議半日，竟遣協辦大學士剛毅偕軍機大臣趙舒翹，出京查辦。西太后已漸受蠱惑了。一面召見毓賢，詢及拳民。毓賢奏對稱旨，特簡任山西巡撫。他奉了慈命，走馬上任去訖。過了數日，剛、趙二人回京覆命，盛稱拳民如何能耐，如何服從，把楊副將被戕事抹煞不言。楊副將死不瞑目。西太后信以為真，至此全信。即命載漪掌管總理衙門，啟秀、溥興、那桐，著在總署行走。眼見得朝政日非，釀成奇禍了。

剛毅到端邸道賀。正在接談，忽來了一個侍衛，呈上一函。由載漪拆閱畢，遞與剛毅。剛毅瞧著，內說：昨日有洋兵三百名由津來京，保護使館，請端王知照虎神營，勿阻洋兵入城，老佛爺亦已照允了。下文署名，乃是奕劻兩字。便語載漪道：「慶王爺何故袒護洋人？」載漪道：「我也不懂他什麼意思？」隨即詳詢侍衛各事。侍衛道：「慶王爺曾接直督來電，洋兵未帶大砲，不妨令他入城。」載漪哼了一聲道：「幾百個洋鬼子，怕他什麼？你去回報慶王爺，我已知道了。」侍衛去訖，剛毅又語載漪道：「洋兵入京，無論多少，不可不防。」載漪道：「汝說也是有理。但奈慶王等人未肯與我同心，還有一個榮中堂，常說拳民不可輕用。這次洋兵到京，老佛爺照允，恐怕也是他奏聞的。」剛毅頓足道：「扶清滅洋，在此一舉，如何他們還要反對？我前時疑慮總在漢員身上，何故皇室懿親也糊塗若此？」自己發昏，還說人家糊塗。載漪道：「總署歸我掌管，我與洋人發難，也不怕他們中阻。可惜各位帶兵的大員不盡可靠。」剛毅道：「董福祥很是忠勇。叫他帶兵入京，圍攻使館，殲滅洋人。內應既除，不怕外合了。」載漪道：「我已早有此想，明日召他來京便是。」剛毅乃起身辭去。

越宿，即由載漪稟西太后，召董福祥帶兵入京。董軍純係甘勇，素乏紀律。福祥又是個回匪頭目，由左宗棠招撫投誠，因平回有功，擢至提督。俗語有道：「江山可改，本性難移」，福祥雖然效順，總有些粗魯鄙陋的性子，一聞朝命宣召，立刻率兵馳入。載漪就令他圍攻使館，並放拳匪入城作董軍的後勁。看官試想，甘勇本散漫無紀，加以這班如狂如痴的拳匪，跳躍六街，橫行焚掠，這京城裡面，除宮禁外，還有乾淨土麼？京中百姓實是晦氣。

各國使署，嚴詰總署，至再至三不得答覆，忙檄調洋兵進京保護。日本書記生杉山彬，聞本國兵到，至車站迎候。方出永定門，碰著一班甘勇，譁然叫道：「這個東洋小鬼出城來做什麼？」杉山彬不去理他，只管前行。甘勇又叫道：「東洋小鬼擅敢出城，快快吃我一刀。」說時遲，那時快，杉山彬已被甘勇揿翻在地，手起刀落，斃於非命。難道是命該當絕麼！日本駐使聞報大怒，請輿屍入城斂葬，一面電達本國。載漪等尚想隱瞞，偏榮祿先去奏明。西太后命軍機擬旨，表示惋惜意思。載漪覽諭，不覺憤怒道：「殺一個東洋小鬼，惋惜什麼！據我意思在京中的洋鬼子，無論是東是西，通通殺盡，方出我氣。」

言未已，剛毅又來拜會。載漪尚餘怒未息，即與他複述前言。剛毅道：「這事非運動李總管不可。」載漪道：「我昨與李總管談起，他亦贊跟我意。只因榮中堂時常作梗，密奏老佛爺，不要圍攻使館，致礙萬國公法，以此老佛爺為所煽惑，尚是遲疑未定。」剛毅道：「他總常在老佛爺左右，隨時可以進言，若託他竭力周旋，定生效力。」載漪點頭。剛毅道：「聞得毓賢到山西任上，殺了好幾個教士，洋人也無可奈何。若外省督撫個個似他能耐，中國能有多少洋人，半月間好殺盡了。」個個似毓賢，恐怕中國百姓都要殺盡。載漪道：「外省督撫多半漢奸，只毓賢確是忠心。毓賢以外還有一個李秉衡，頗肯為我效力。他現在巡閱長江水師，我已召他帶兵來京，同滅洋人哩！」毓賢在山西情事，與李秉衡被召入京，俱從兩人口中敘出，免得另費筆墨。剛毅道：「如此很好。」言未已，忽接直督裕祿急電：洋人聯繫八國兵艦，齊集大沽口，硬索大沽炮臺。剛毅起賀道：「師出有名了。」載漪道：「八國聯軍到來，恐怕也不易抵敵哩？」剛毅道：「洋人所靠的是槍炮，現在義和團不怕此物，就使海外的洋鬼子傾國前來，也不礙事。」載漪道：「你前日親去查辦拳民的神術，諒總試驗過的。」剛毅道：「這個自然。前到靜海縣屬的獨流鎮，巧值拳首張德成設壇習拳。內有幾個小孩子，能躍高丈餘，長大的不消說了。及細問德成，據說所持符咒，很有效驗。有一個閉火咒，念將起來，無論什麼槍彈也放不出來。王爺你想，槍彈無靈，洋鬼子還能戰勝我麼？」載漪道：「毓賢也這般說。你又親眼瞧著，親口問明，這真是天賜滅洋了！」天要滅你。剛毅正思告別，門上又投進名刺，乃是啟秀、那桐進見。載漪連忙迎入，分賓主坐定。啟秀道：「裕督專折到京，內言洋人索大沽炮臺，請朝廷即與宣戰。此折擬即呈遞，特來稟明王爺。」剛毅在旁，不待載漪開口，忙道：「早日宣戰好一日。啟兄何不速呈？」接連聞著載漪聲音，說是「快呈進去」。那桐道：「今日榮中堂至西苑，奏請送外使至天津，老佛爺已允他了。」剛毅勃然起立道：「他如何專庇洋人？董軍門曾對我說，五日以內可掃盡使館，殺盡外使，只怕他暗中接濟，拖延時日。大家總要參他一本，叫他出了軍機才得成事。」啟秀微笑道：「剛協揆不要著急，榮中堂是扳不倒的。愚見倒有一策，十拿九穩，今日舉行，明日定必宣戰。」載漪道：「啟兄有何妙計？快令大家知道。」啟秀附著載漪耳邊說了數語，載漪笑盈盈道：「確是妙計！確是妙計！」妙計，妙計，要全家覆沒了。剛毅忍不住要問，又由啟秀與他密述一遍，剛毅也喜形於色，當下三人告別。

是晚，由宮中傳出，立召軍機大臣入宮會議。載漪、啟秀、那桐、剛毅、榮祿等，俱入見。行禮畢，西太后盛氣道：「洋人索我大沽炮臺，無理已甚。看來只好與他決裂了！」載漪道：「釁自彼開，何妨宣戰。且外使還有一個照會，今日繳到總署，所說很是狂悖，還請老佛爺慈鑒。」言畢，便從袖中取出照會，呈與太后。太后不瞧猶可，瞧過後，把一張豐頤廣額的慈容，氣得與瘟元帥相似，憤然道：「他們怎麼敢干涉我大權。是可忍孰不可忍？」隨將照會擲付榮祿道：「你瞧外人這般無禮，你還說是不應宣戰麼？」榮祿取閱照會，內說要太后歸政皇上，廢去大阿哥溥儁，並許洋兵一萬入京等語。閱至此，仰窺西太后顏色，生平未見這般盛怒，欲要勸解，一時難以措詞。但見西太后對著道：「你願意保全外使，你自去告訴他們，教他即日前往天津。但他們既有此妄言，我不能保他途中平安。我本不要他的命，前並允許洋人出城，保護使館，我一人違拂眾人的意思，壓服義和團，都是為著他們。他們竟這樣報我，我也顧不得什麼，寧可拚死一戰。」試問太后自己能戰嗎？又語載漪道：「你去飭知各王大臣，明晨在儀鑾殿會議。今日晚了，汝等且退。」大眾奉命退出。

翌晨，西太后御儀鑾殿召見各軍機大臣。禮親王世鐸以下，相率到殿。榮祿含淚跪奏道：「外人索我大沽炮臺，昨晚來電，已將炮臺占去。占去炮臺亦於奏中敘入。原是由彼啟釁，非我無端挑動。但圍攻使館絕不可行。無論違背公法，危及宮廷，就使殺了外使數人，也與中國無益。籲請太后明鑒！」也算竭誠了。西太后怫然道：「我昨已同你說過，教你通知洋人趕快出京。除這話外，沒有別的好主意。你不必在此多說，可即退出。」榮祿叩頭而退。啟秀即呈上所擬宣戰詔書。西太后道：「很好，就這樣辦。」一語喪邦。又問各軍機大臣意見如何？大眾統稱「遵旨」。西太后命諸臣暫退，自己入宮早餐。

越兩小時，又出御勤政殿，李蓮英侍側，大集廷臣會議，光緒帝亦到，謁過西太后，方才入座，但覺身顫不已。猛聽西太后厲聲道：「外人欺我太甚，我已忍無可忍了。我本意壓服義和團，不欲開釁，他既占我大沽炮臺，復照會總理衙門，要我歸政，皇上尚在，自認不能執掌政柄，外國何得干預？照這樣撓我主權，尚好和平解決麼？」大眾不敢多言，西太后又語漢大臣道：「本朝二百餘年，深仁厚澤，無間南北。我執政後，謹守祖宗成憲，不敢虐待吾民。前此發捻構亂，朝廷指授方略，削平大難，重睹昇平。今日外人又來欺侮，正我全國臣民合力報國的時候，果能奮勉殺敵，何難致勝夷人！。從前聖祖仁皇帝許外人自由傳教，未免寬仁太過，釀成今日禍胎。連康熙帝都不及你，你真是個母大蟲。夷狄不知聖化，遇事多沒道理，自恃兵力，肆無忌憚。回憶咸豐十年，英法聯軍入京，議和太速，他竟自由來往。那時若有一支得力軍隊截他歸路，不怕不轉敗為勝。你前時已去熱河，不見京中情狀，所以信口鴟張。今幸全國人心統已奮發，數十萬義和團民起衛國家，從前仇恨可從此報復了！」未必。隨顧光緒帝道：「你意如何？」光緒帝遲疑半晌，方含糊道：「請聖母聽榮祿言，勿攻使館，安送外使至天津。」這語甫出，太后後面的李總管已是怒目注射，嚇得光緒帝身子越抖，不由得改言道：「這是軍國重事，不敢妄斷。總求聖母主持。」西太后尚未開言，趙舒翹忽啟奏道：「內地洋人甚多，欲要開戰，先請明降諭旨，令京內外掃除外人，免為內應方好。」西太后道：「你且退，命軍機大臣斟酌奏聞。」趙退出，滿員立山、聯元，漢員徐用儀、許景澄、袁昶依次諫阻，大致說：「寡不敵眾，持重為是。」袁昶且謂：西人頗和平講禮，未必有這干涉內政的照會。端王載漪不待袁昶語畢，即怒斥道：「你們都是漢奸，老佛爺肯聽信你麼？」賊膽心虛。

這句話聲激而厲，西太后聞著也覺載漪過甚，便語載漪道：「你也太覺暴躁了。」隨命袁退。於是殿內寂然無聲。西太后即命軍機大臣宣布開戰的諭旨道：

我朝二百數十年，深仁厚澤，凡遠人來中國者，列祖列宗罔不待以懷柔。迨道光、咸豐年間，俯準彼等互市，並乞在中國傳教，朝廷以其勸人為善，勉允所請。初亦就我範圍，遵我約束，詎料三十年來，恃中國仁厚，一意拊循，乃益肆梟張，欺凌中國家，侵犯我土地，蹂躪我人民，勒索我財物。朝廷稍加遷就，彼等負其凶橫，日甚一日，無所不至，小則欺壓平民，大則侮慢神聖。中國赤子，仇怨鬱結，人人慾得而甘心，此義勇焚燒教堂、屠殺教民所由來也。朝廷仍不開釁，如前保護者，恐傷我人民耳。故再降旨申禁，保衛使館，加恤教民。前日有拳民、教民皆我赤子之諭，原為民、教解釋宿嫌。朝廷柔服遠人，至矣！盡矣！乃彼等不知感激，反肆要挾。近更索我大沽炮臺，歸伊看管，意在肆其猖獗，震動畿輔。平日交鄰之道，我未嘗失禮於彼。彼自稱教化之國，乃無理橫行，專恃兵堅器利，自取決裂如此乎？朕臨御將三十年，待百姓如子孫，百姓亦戴朕如天帝。況慈聖中興宇宙，恩德所被，浹髓淪肌，祖宗憑依，神祇感格，曠代所無。朕今涕泣以告先廟，慷慨以誓師徒，與其苟且圖存，貽羞萬古，孰若大張撻伐，一決雌雄。好大膽。連日召見大小臣工，詢謀僉同。近畿及山東等省，義民同日不期而集者，不下數十萬人，至於五尺童子，亦能執干戈以衛社稷。彼尚詐謀，我恃天理，彼憑悍力，我恃人心。無論中國忠信甲冑，禮義干櫓，人人敢死。即土地廣有二十餘省，人民多至四百餘兆，何難剪彼凶焰，張國之威。其有同仇敵愾，陷陣衝鋒，抑或仗義捐資，助益餉項，朝廷不惜破格懋賞，獎勵忠勛。苟其自外生成，臨陣退縮，甘心從逆，竟作漢奸，即刻嚴誅，決無寬貸。爾普天臣庶，其各懷忠義之心，共洩神人之憤。朕有厚望焉。欽此！

這諭甫下，大眾退朝。是晚，德國駐京公使克林德，帶同翻譯官，乘輿赴總理衙門，欲與諸王大臣辯論是非，並通知下旗回國。輿中備著手槍，為自衛計。誰意行至半途，誤觸槍機，竟將彈子放出。適值虎神營中兵隊巡查過來，疑他有意放槍，還槍攢擊。偌大一個德使，那裡禁得起許多彈子，霎時間死於輿中。端王等時在總署，聞知德使被戕，大呼道：「殺得爽快！」慶王奕劻道：「殺死外國公使，非同小可。從前咸豐年間，拘執英領事巴夏禮，還鬧得不可收拾，況殺死公使哩？」剛毅道：「殺一兩個洋鬼子，有什麼要緊。慶王爺！你看這數日內，要將各使館滅盡了。」恐他來生都未必看見。禮王世鐸以此事關係重大，只得據實奏聞。西太后急召榮祿入見。榮祿道：「德使被戕，已由太常寺卿袁昶飭人棺殮。但兩國相爭，不斬來使，中國古法與西洋律例相同。這事不知鬧到如何結果？奴才才疏膽小，乞老佛爺俯念愚忱，立賜革職，保全蟻命，不勝幸甚！」西太后才有些著急起來，便道：「你不必這麼說。快叫軍機擬旨，命將戕害德使的人拿捕治罪。」榮祿才答應退出。

西太后稍覺愁煩，出門閒步。遙見大阿哥執刀旋舞，上下跳躍。旁立宮監數人，與他問答。大阿哥譁然道：「我去殺洋鬼子徒弟哩。」宮監道：「那個是洋鬼子徒弟？」大阿哥道：「便是當今的瘟皇帝。」西太后急走數步，隨喝道「你在此說什麼？」大阿哥聞著西太后聲音，才擲刀於地，垂手立著。西太后道：「隨我來。」大阿哥只好跟著回入室中。西太后怒叱道：「你不用心讀書，敢在此橫行不法。快與我跪下！」大阿哥方跪伏地上。西太后命宮監道：「你去取皮鞭來。」宮監便取呈皮鞭。由西太后親自動手，狠狠地敲了二十鞭，打得大阿哥嚎啕大哭，如殺豬般相似。該打。西太后隨命宮監速帶大阿哥到弘德殿去，交代徐師傅，毋令狎遊，否則老徐亦要任責。宮監奉命，領著大阿哥去訖。西太后正憤悶間，忽報稱端王求見。太后命召入。端王跪叩道：「老佛爺大喜！津兵與義民大獲勝仗，洋鬼子都驅逐出境了。」西太后不覺改怒為喜道：「果有這等事麼？」正是：

小勝即驕天奪魄，虛聲入報后歡心。

究竟是否得勝，且待下回分解。

袒拳匪者，首毓賢，次剛毅，又次為載漪弟兄，及崇綺、徐桐、啟秀、趙舒翹等人，又次為西太后。似西太后誤國之咎，應從末減。然試問誰執政權，乃信任袒匪殃民之賊臣，開釁友邦，作孤注之一擲耶？總之天下人不應存一私見。毓賢、剛毅等為迎合而袒匪，載漪為覬覦而袒匪，西太后為仇視光緒帝而袒匪。贗鼎之照會忽來，宣戰之詔書即下。不度德，不量力，妄思以一服八，可恨亦可笑也。

訂特約江督保民　走制軍津門失守

卻說載漪入宮報捷，由西太后詳細垂詢。載漪道：「頃得裕祿來電，詳稱天津大捷。洋鬼子首領叫做什麼西摩爾，是英國提督，帶著各國鬼子兵想繞出天津來攻京師。到了楊村，被我軍一陣擊退，殺了無數鬼子。天津義和團又出去截殺一陣。西摩爾聞聲膽落，領著殘兵逃出大沽口去了。」語多鄙俚，確肖載漪口吻。西太后大喜道：「謝天謝地謝祖宗！這遭戰勝洋人，好洩我累年仇恨。」痴心妄想。載漪又道：「京中義和團差不多有一萬人，須派員督率方好。」西太后道：「你看叫誰去？」載漪道：「載勛已蒙老佛爺特旨，任為步軍統領。若叫他統率團民，定不致誤。再令剛毅、英年，幫他辦理，保管有效。」西太后道：「你兄弟載瀾倒也可用，你去叫軍機擬旨。載勛、剛毅統率義和團，英年、載瀾會同辦理便了。」載漪碰了好幾個響頭，起身出宮，一口氣跑至軍機處，傳述西太后面諭，令軍機章京擬就，立即發出。

載勛既帶領義和團，遂令各處遍設神壇，無論王公大臣邸第，統有神壇設著。並出示懸賞：殺一男夷，賞銀五十兩，殺一女夷，賞銀四十兩，殺一小洋鬼子，賞銀二十兩。於是拳匪歷亂都下，專尋二毛子，拿去領賞。二毛子的名目，便是拳匪稱呼洋人的渾名。那時洋人多遷避使館，前後左右都用洋兵護著。甘勇、拳匪攻了數日，尚不能動他分毫。各使館尚不攻掉，何況八國聯軍。他恐上司見責，把京中良善的百姓，指作教民，任情搜掠。稍稍與他辯論，刀劍立下。一班車伕、小工及近京流氓，都冒作拳匪，隨入搶奪，連京官家屬也不能免。可憐官、民兩困，婦哭兒啼，都咒罵這端王載漪、莊王載勛，願他速死。看到後來拳匪的咒語，不及百姓咒罵的靈效。

那時端、莊兩人正興高采烈，日日獎勵拳匪。並帶了匪徒六七十人，於早晨六句鐘時，闖入宮中，直至寧壽宮門，大呼：「瘟皇帝出來，他是洋鬼子朋友，先把他殺掉方好哩。」此時太后及光緒帝，因西苑時聞槍聲，不甚安穩，所以徙入宮中。太后正起床飲茗，驀聞宮門外一片嘩聲，即出立階前。見載漪手舞足蹈，樂不可支，便大喝道：「你自己道是皇帝麼！敢這樣胡鬧。你要知道，只我一人有廢立的權柄。現雖立汝子為大阿哥，頃刻就可廢掉。你不要錯想，快與我滾出去。非奉旨召見，不得擅自進來。」載漪大懼，忙跪下磕頭，然後趨退。太后覆命宮中侍衛，拿住為首的拳匪，錮入獄中，餘匪都踉蹌逸出。西太后既有此權力，縱匪殃民之咎，愈不可逃。西太后恨尚未息，又命將載漪罰俸一年，算作薄懲。

次日，御史徐道焜奏稱，洪鈞老祖遣五龍守大沽，夷船統當沉沒等語。還有御史陳嘉言亦奏言：「得關帝帛書，不日夷當盡滅。」此外如編修蕭榮爵、郎中左紹佐、主事萬秉鑒陸續上書，統說義民可恃，漢奸宜誅。想都是載漪叫他入奏的。只太常寺卿袁昶，連上三疏，請停攻使館，立驅拳匪，並改戰為和等情。各折都留中不發。唯亂命迭下，忽令榮祿保護使館，忽飭董福祥速攻使館。福祥聞命，徑造榮祿家，索武衛軍中的大砲。候至一小時，榮祿始出見。福祥憤憤道：「快借我大砲一用，今日要毀盡使館了。」榮祿佯作瞌睡，置諸不理。福祥叱榮祿道：「你是個國家柱石，為什麼袒著洋鬼子？我問你借用大砲，你索性睡著。糊塗！糊塗！」榮祿方開眼冷笑道：「你要大砲，只有一個法子。可奏明老佛爺，先殺我頭，後取大砲。」福祥怒甚，轉身出門，隨走隨語道：「混帳！你道我不能面奏老佛爺麼？」榮祿便抗聲道：「你即刻去見老佛爺吧！你是好漢，老佛爺又信用你，你去求見，沒有不答應的。」福祥被這一激，即往寧壽宮，大聲吩咐太監，說是甘軍統領求見。西太后正在宮中作畫，頗覺閒暇。見太監進報，怒目道：「叫他進來。」福祥入內跪下，西太后道：「你已將使館攻下麼？」福祥道：「尚未。」西太后道：「你來做什麼？」福祥道：「臣來求見，是參劾大學士榮祿。他所帶武衛軍中有大砲，若移攻使館，立即掃成白地。臣向他索取，他不肯借用，還說是老佛爺有旨，也是枉然。」西太后怒喝道：「不准多嘴。你是個強盜出身，朝廷用你，無非叫你將功贖罪。像你這狂妄的樣子，仍然不脫強盜行徑，想是活得不耐煩了，去吧！非奉旨不准擅入。」福祥悻悻出宮，盛氣跑至端邸，大叫道：「端王爺！奸臣太多，看來此事是辦不好了。我只好出京去。」活似強盜口吻。載漪道：「怎麼講？怎麼說？」福祥將借炮入宮事訴說一遍。載漪蹙額道：「京內外多是漢奸，實是可恨。今日東南各督撫，竟聯銜入奏，極力反對我們。且說與各國洋鬼子擅自訂約，兩不相犯。你道可惡不可惡麼？」福祥憤憤道：「罷了！罷了！我不要做統領了。」隨將大帽除下，向案上一擲道：「王爺！你與我繳還太后，我是要去了。」不如做強盜去。載漪道：「這且不要如此性急！老佛爺並非曲庇洋人。如果能將鬼子殺盡，那時東南這班洋奴，我一一殺與你看。」言至此，便將大帽代他戴上，勸他去訖。

原來兩江總督劉坤一、湖廣總督張之洞、兩廣總督李鴻章、山東巡撫袁世凱，公同發起奏阻宣戰。當時聯銜的人，如川督奎俊、閩督許應騤、福州將軍善聯、蘇撫鹿傳霖、鄂撫於蔭霖、湘撫俞廉三、粵撫德壽，同列在內。還有巡閱長江的李秉衡，由各督撫邀他署名，他也直捷照允。各督撫總道人多勢旺，可以挽回朝命，維持大局。不意奏摺上去，好似石沉大海，一聲兒沒有迴響。滬上一方面洋人租界最多，統恐拳匪南下，多方戒備，並乞江督派兵保護。劉坤一夙懷忠憤，寧違朝命，毋害生靈，決計與洋人聯繫，互相保衛。當派商約大臣盛宣懷，及上海道餘聯沅，與各國領事申明各不相犯，訂約八條：（一）是上海租界歸各國公同保護，長江及蘇杭內地，歸各省督撫保護，以保全中外商民生命財產為宗旨。（二）是長江及蘇杭內地，洋商及教士產業由地方官一體保護，並禁止謠言，嚴拿匪徒。（三）是各口岸外國兵輪，仍照常停泊，唯約束水手人等不准上岸。（四）是各國以後如不待中國督撫商允，竟派兵輪駛入長江等處，以致百姓懷疑，傷害洋商教士生命產業，事後中國不認賠償。（五）

是吳淞及長江各炮臺，各國兵輪不得近臺停泊。（六）是上海製造局廠一帶，各國兵船勿往遊弋駐泊。（七）是內地如有各國洋教士及遊歷各洋人，不得自往僻地，致遭不測。（八）是租界內各種防護，須安靜辦理，切勿張皇，搖動人心。各國領事相率簽押。自此東南一帶安若苞桑，中外人民盛稱各督撫威德。後來停戰議和，鴻章北上，也將這事援為話柄，與外人和平交涉，方將滿清的宗社又儲存了十多年。這也是東南人民尚有幸福。載漪還時頒矯詔，申諭各省督撫，殺逐洋人，各督撫絕不為動。只直督裕祿、晉撫毓賢遵照辦理罷了。

且說各國聯軍既占了大沽炮臺，由英提督西摩爾為統帥，帶兵入京。為中國兵匪所阻，中道折還。直督裕祿接連奏捷，不是說擊斃洋人，就是說轟沉洋艦。朝旨再三褒獎，並頒內帑十萬兩，賞給兵團。獨前軍統領聶士成，素嫉拳匪，屢與裕祿商量，要把拳匪剿滅。這時裕祿正尊信拳匪，那裡還肯聽從，反把他訓斥一番。至大沽炮臺失陷，守將羅榮光敗走，裕祿劾知聶軍門，說他匿兵不救，竟奉旨照准，把聶軍門革職留任。裕祿又調聶扼守天津。聶到津門，遙見紫竹林租界，火光燭天，不禁嘆息道：「百姓何辜，遭此荼毒哩！」旋入城。城內外統是拳匪，各持刀奔至，擬殺聶軍門。聶馳入督署。拳匪從後趕入，請出裕制軍，指名要殺聶士成。裕祿問為何事，拳匪道：「他在落垈地方，殺死我們弟兄數百人，所以要他抵命。」裕祿道：「他如何殺你們弟兄？」拳匪道：「我等因廊坊鐵軌為洋鬼子所造，正要拆毀，被他瞧著，硬行禁止。我等不從，他就令軍士放槍。若非我等急忙避開，險些兒統喪性命。今朝狹路相逢，定然要他抵償。」落垈等就此帶出。裕祿道：「聶軍門是國家大臣，就是有罪，也要請旨施行。你等為國宣勞，總是公仇要緊，不要專記私仇哩！」拳匪還喧譁不已。裕祿道：「我去請你大師兄來，自有處置。你們且出去吧！」拳匪方才出署。

看官你道大師兄是何人？待小子報明姓名。他姓曹，名福田，直隸靜海縣人。本是個遊勇，鴉片系他大瘾頭。為了這瘾，弄得家無長物，只剩了一個光身。會聞張德成在獨流鎮設壇，遂去拜投了他。德成是白溝河人，向系操舟為業。自言得王老師父傳授，精習神拳，並長符咒。別人問他師父姓名，他說叫做王德成。亦不知他是真是假，是一是二？嗣因福田入黨，德成因他年長多智，將第一把交椅讓與福田，推福田為大師兄，自稱二師兄。先是德成稱雄一鎮，設壇集眾，自稱天下第一神壇。凡遇官民過境，即率眾攔住，牽赴壇前，用黃紙作表文，焚香供表，紙灰上升者免死，不幸下降，便說他是教民，砍去腦袋。以此人人裹足，相戒不敢前。至戰爭已開，裕祿請他防守天津。他就帶著黨羽，並紅燈照一班女子，聚集津城。自己乘了大輿，至督署拜會裕祿。裕祿飭巡捕傳入，德成怒道：「我不是他下屬，如何傳我入見。」一個舟子會說此話，想是由福田教他。巡捕回報，裕祿忙冠帶出迎，直至儀門外迓入，以上賓之禮相待。肆筵設席，賓主盡歡。德成遂請餉二十萬，願滅盡洋人。裕祿一一照允。上書保薦，蒙賞頭品頂戴。想是交死運了。天津本有各國租界，地名紫竹林。德成率眾攻撲租界，屢被洋人擊退。附近有教堂教民，洋人無暇兼管。由德成下令，用紅燈照毀教堂，用匪眾殺教民。日間縱情焚掠，夜間即擇紅燈照婦女，抱入室中取樂。曹福田得這訊息，也趕至天津。先令黨羽至東南方，埋著火種，自登城樓，向著東南，口中唸唸有詞。霎時間東南起火，煙焰上騰。他便向兵民道：「那邊最多二毛子，我已派天將去縱火了。」兵民因東南一帶，近在租界，便信以為真。俟福田下城後，多跪地迎接。福田恰特別謙沖，叫他不要多禮。又禁拳匪在城焚掠，津民越加敬信。

裕祿聞大師兄駕到，又去請他入署，仍然用著上賓禮，接待大師兄。裕制軍可謂屈尊降貴！福田比不得德成粗魯，舉止談吐井井有條，以此裕祿越加敬重。凡與拳匪交涉事件，都託大師兄斡旋。所以聶軍門入署，被拳匪所窘，仍請大師兄到署解圍。大師兄一到，裕祿竭誠盡禮，自不消說。且令聶軍門與他想見。福田道：「聶大人何致通洋？奈我輩弟兄們，不識情由，易致誤會。若聶大人肯至壇前自明心跡，那弟兄們自然釋嫌了。」聶士成見煙容滿臉，面目可憎，不由得發憤道：「我不去！我不去！」裕祿見聶不允，只好替他緩頰，再與福田婉商。福田支吾了一會。忽有衙役入稟道：「黃連聖母到了。」裕祿問福田道：「黃連聖母是何人？」福田道：「她是紅燈照首領，有驪山老母附身，法術很大哩！大人須要恭迎。」裕祿即穿好朝服，出署迎入，虔請聖母上坐，向她行著參拜禮。聖母傲然自若，由他跪拜。不怕拜死麼。還有三仙姑、九仙姑等，統隨聖母入署，與聖母都服道裝。聖母年約三十許，兩仙姑不過二十許人，妖冶輕盈，只面上恰搽著許多脂粉。仙姑還要搽脂抹粉，無怪脂粉價貴。與裕祿想見畢，裕祿留她飲酒，仙姑恰稱持齋。果真不吃太葷，我卻未信。當下辭出督署，各乘仙輿而去。津民各家戶外統供著香燭，待她如神明一般。這且不必細表。

單說裕祿返入內廳，復與大師兄敘了數語，大師兄去訖。聶士成亦即出署，率軍守紫竹林附近。僅一日，聯軍前隊到來。士成率游擊宋占標，奮力出戰。兩邊槍林彈雨，惡狠狠的鬥了數小時，聯軍退去。越日又戰。兩軍復開槍轟擊，自辰至午，仍然不分勝負。聯軍又退卻。是晚馬提督玉昆，奉調來律，協守津門，與士成想見。士成慨然道：「國事至此，不必說了。只我內扼權臣，外困匪黨，進無可進，退無可退，真不知死所哩！」玉昆也不勝嘆息，自率軍去守京津東站了。越宿，炮聲震地，旌旗蔽天，各國聯軍排牆而至。聶軍門開營逆戰，一當十，十當百，任他血肉橫飛，只是相持不退。忽聞後面有嘩噪聲，忙回頭一望，乃是兵匪聯合，倒戈相向。這一驚非同小可，亟飭令收軍，把前隊改作後隊，已被聯軍擊倒無數。及退至八里臺，檢查起來，方知部下有新練軍一營，通了拳匪，自相攻擊。不覺流淚道：「死期到了。」隨即寫了遺書，飭親校專送寓所，立刻遷眷回籍。次日，洋兵又鼓勇殺來，聶軍門一馬飛出，首先突陣。部將知他拚死，力挽馬韁，不令前馳。軍門用刀橫掠，並語部將道：「你們去吧，我今日殉國了。」一聲河滿子。部將泣諫不從，經突入聯軍陣內，身受七傷，腸裂而死。游擊宋占標，同時陣亡。聯軍頗嘉聶忠勇，不忍戮屍，讓他部將馳入，負屍歸去。拳匪還想來搶奪，恰好洋兵趕上，紛紛四散，方得保全忠骸。拳匪可恨。裕祿聞報大驚，忙申奏朝廷。朝旨還責他督師有年，不堪一試，只照普通例賜恤，真是屈死忠魂了。聶軍已敗，馬軍孤守車道，勢已不支。各國聯軍，節節攻入，玉昆倒也捨命相爭。奈拳匪反來牽掣，勝不相讓，敗不相救，結果是一同敗退，再至北倉下營。裕祿深居督署，一籌莫展，整日請曹、張二匪首商議。二匪首還一齊瞎說，揑稱城中無慮，已由關帝、周倉、二郎神、尉遲敬德、秦叔寶、常遇春、胡大海等陰靈，四面防護。今夕再當申表玉皇，求派天兵天將下凡，擊退鬼子。到重九後，可一律肅清了。裕祿半信半疑。至此方覺心疑，還算聰明。但到了此時，簡直沒法，就使匪首無靈，也只好求他出力。驀聞城外炮聲隆隆，料是聯軍進攻，急向曹、張兩人打拱作揖，哀乞退敵。兩匪首挺身自任，辭別出署。第一日還督率拳匪及紅燈照婦女，上城守禦，城中百姓尚約略見他形跡，第二日城外槍炮聲陸續不絕，兩匪首統不知去向。一班紅燈照婦女都脫去紅衣，開城四逸，各拳匪也相率遁去。裕祿還靜候捷音，至衙役來報洋兵入城，才倉皇失措，由親兵擁出北門，逃往楊村去訖。

聯軍次第入城，搜尋拳匪、紅燈照，已是一個不留。後來黃蓮聖母及三仙姑，被人縛送都統衙門，同日梟首。兩道魂靈投入封神臺去了。九仙姑投水死。想是水仙歸位。其餘一班婦女，或隨了拳匪去作妻妾，或逃入妓館去當婊子，倒是肉身說法。且不必說。張德成逃至王家口，還是大模大樣，造謠惑眾，被鄉民一陣亂斫，作為肉泥。曹福田較為狡猾，遠颺他方，至次年潛回故里。畢竟作惡太甚，難逃天網，家居未久，又由裡人縛住送官，正法了案。小子又有詩道：

無端妖語惑蒼生，左道由來有典刑。
可惜王綱遭濁亂，到頭一死法猶輕。

天津失守，警報達京。未知西太后悔過與否，容俟下回說明。

北方開釁，東南督撫獨與各國領事互訂保護之約，或謂以一隅與八國戰，無怪不勝，是不然。甲午之役，南北未嘗相離，尚且屢戰屢敗，況八國聯軍相率而來，寧尚有倖免之理乎？東南人民，幸得江督之倡起，賴以少安。是知江督之為民造福，實非淺鮮，安得以專擅目之？至如聶士成之死於八里臺，乃迫於地位使然，為國死綏，不得謂為非忠。若裕祿之輕信拳匪，竟以亡命無賴之徒，待為上賓，甚至參拜淫媼，目為神聖。愚昧至此，乃令其建鉞京畿，寧有不僨事者？匯書之，以見疆臣之優劣，並志朝政之昏迷。

豺虎擅權燕市流血　鴛鴦折翼宮井埋魂

卻說天津失守之日，正許、袁二公聯銜奏諫之時。太常寺卿袁昶因兩疏不報，復與吏部左侍郎許景澄聯銜入奏，請將徐桐、剛毅、啟秀、趙舒翹、裕祿、董福祥，先置重典，再將袒護拳匪的親貴，亦一律治罪。說得非常痛切，語語涕零。西太后覽奏畢，也為動容，隨道：「這兩人可謂有膽。許景澄且不必說他。袁昶在戊戌年，曾奏康有為居心難恃，頗合古大臣直言無隱的大義。唯今日不應固執成見，擾亂我的心。朝廷自有權衡，不必他們越俎。」言罷，即命傳旨申飭，勿得再行續奏，以擾聖衷。

旨甫下，榮祿入宮面奏，略言：「前日外交團照會，實系捏造，請太后不要誤信。」西太后道：「照汝言是何人捏造出來？」榮祿奏：「系端王載漪及尚書啟秀教軍機章京連文沖所為，已由奴才查明，文沖直認不諱了。」西太后沉吟一會，又道：

「無論照會真假，但戰爭已開，一時不能停止，只好拚命做去。」實是不肯認錯。榮祿道：「倘使拳民戰敗，北京為洋人所破，將如何辦法？」西太后道：「漢書賈誼傳有三表五餌的計策，可以用得。」三表者：以信諭，以愛諭，以好諭也。五餌者：文繡以壞其目，美食以壞其口，聲樂以壞其耳，高堂邃宇以壞其腹，隆禮厚愛以壞其心是也。榮祿退出。載漪復入宮奏道：「天津被洋鬼子占去了。」西太后吃了一驚，便道：「天津一失，北京恐也保不住。你前說義團法力高強，為什麼一敗至此？」載漪道：「這都是義和團不虔守戒律，所以打敗。且聞各國洋鬼子，統用婦女穢物壓住法術，就使天兵天將下來也避穢回去，因此洋人所用槍炮仍得勝利。但北京很是堅固，鬼子絕不敢來。」西太后道：「都是你闖出來的禍祟。你假造外交團照會，迫我宣戰。若洋兵入京，看你這頭顱能保得牢麼？」載漪忙跪稱不敢捏造。西太后道：「我今日知你的心了。你想兒子登基，你好攝政。我告訴你，我一日在世，一日沒有你做的。你再不安分，立刻趕出，家產充公。你名叫載漪，確是相配，狗心狗肺，不枉你的狗名。」語可解頤。載漪搗頭如蒜，才得奉旨告退。西太后復宣召榮祿入宮，令他備辦西瓜、酒、蔬果、冰等物，送與各國使館。並命慶王奕劻，前往慰問，轉達懿旨。即用三表五餌之計。一面令軍機擬旨，調李鴻章補授直督，令他兼程來京。

不意巡閱長江的李秉衡，竟悃悃入都。先入端邸密議，繼至寧壽宮朝見太后。太后道：「你來得正好！京津這麼擾亂，東南各督撫並不聞帶兵入援，你恰還有些忠心進來見我。只目下天津被陷，京師吃緊，究竟還要主戰？抑是主和？」秉衡奏道：「既戰不能言和。且這班義和團，同仇敵愾，確是難得。機不可失，臣願主戰。」徒自送死。西太后道，「團民入京，未免嘩擾。前時說有法術，今亦被洋兵戰敗，失陷天津，恐是不可常恃的。」秉衡道：「這是督率不善的緣故，並非團民沒用。若用兵法部勒，仗他一股銳氣，出去抵敵，不怕洋人不退。」請你一試何如。西太后道：「你前時與東南督撫會銜奏阻戰事，如何今日卻來主戰？」秉衡道：「那是劉坤一、張之洞將臣加入的，並非臣的本意。前日原是不錯，此時卻受鬼迷。且東南督撫中亦非全然主和，如蘇撫鹿傳霖與臣晤談，亦願帶兵前來。若果下詔勤王，總有數大員來京效力。」西太后道：「我前已通飭各省，令一律殺逐洋人。他們並不加殺逐，反與外人訂約保護。你想這等沒良心的狗官，不奉朝旨，獨行獨斷，還說肯來效力麼？」秉衡道：「前次屢奉詔旨，都是保護字樣，並沒有殺逐字樣，所以東南一帶，訂約保護。」

西太后詫道：「有這樣事麼？」秉衡道：「臣不敢欺。」西太后道：「那個敢擅改詔命，你快出去查明。」秉衡退後，翌日與剛毅進見。西太后道：「昨事已查出否？」秉衡道：「臣與協辦大學士剛毅等，徹底查辦，乃是袁昶、許景澄二人，擅改諭旨，把殺逐字樣改作保護字樣。」剛毅又介面奏道：「他二人擅改諭旨，大逆不道，按律當處極刑。」確是做過刑部尚書的。西太后不覺大怒道，「趙高指鹿為馬，不意事見今日。若非將他正法，朝廷還有威信麼？」西太后既諳史事，寧不見郭京六丁六甲耶！便命剛毅道：「你去傳諭，把袁昶、許景澄逮捕正法。」又命李秉衡道：「你去傳語軍機，即日頒諭，令各省督撫帶兵勤王。你暫時且幫辦武衛軍部勒兵團，出京阻敵。」兩人碰頭退出。

不一時，即下許、袁二人逮獄正法的諭旨，派載瀾、徐承煜監斬。載瀾系載漪弟，曾封輔國公。承煜乃徐桐子，官任刑部侍郎。兩人威風凜凜，坐著大輿，帶了兵役劊子手，押著許、袁二公，赴菜市口。許、袁因未曾褫職，即遭重闢，仍舊戴著翎頂，衣冠楚楚，乘轎而來。兩旁拳匪立著，不下數十人，拍掌稱快。內有拳匪首領，問二公道：「你兩人何故仇視我們？」袁太常叱道：「大臣謀議國事，爾等不得過問。」轉瞬間已到法場，兩公下輿。徐承煜喝令兵役，將犯官褫去衣冠。兵役等方擬動手，許侍郎道：「你等是奉諭來麼？諭旨有正法二字，沒有革職二字。士可殺不可辱，如何褥我等衣冠？」未曾革職，即要正法，恐有清二百餘年間未曾見過。袁太常道：「我等有什麼大罪，連刑部都未審訊，即刻處斬？」承煜道：「你犯大不敬的罪名，還有何辯？」袁太常笑道：「這刻時光，你們尚倚附權奸，逞凶作惡。恐怕過了數天，冰山難靠，天日復明，你父子也沒有生理呢！」載瀾拍案道：「誤國奸臣，不許多言。」袁太常毫不畏懼，仍大言道：「我輩無罪，死且不朽。似汝輩昏狂愚妄，罪實當死，死後還有餘臭哩！」轉顧許侍郎道：「不久即想見地下。我們視死如歸，怕他什麼？」拳匪見他直言呵叱，統環繞過來，拔刀擬頸。袁太常怒目叱道：「朝廷自有國法，寧容汝等動手？」載瀾憤極，幾欲下來批頰。但聽一聲號炮，兩公都已就義去了。

載、徐二人復旨，並回報端王載漪。載漪道：「殺了一兩個漢奸，也是不好算數。還有徐老頭兒用儀，同著聯元、立山，前日會議時極力與我反對。我總要把他除滅，省得他人再來作梗。」載瀾道：「就是這個洋鬼子的好朋友，也要殺掉方好哩。」

居然想行弒逆。載漪道：「這也不難，我已擺布好了。」正私議間，楊村又來急報，內稱：洋兵大舉入攻，改推德國瓦德西為統帥；提督馬玉昆軍敗潰，直督裕祿亦向蔡村逃去。載漪語承煜道：「快去請李鑒帥來，叫他前去抵擋，或可截住洋兵。」承煜匆匆去訖。少頃，李秉衡到了端邸，由載漪接入，令他火速出兵。秉衡還是大言不慚，約定次日帶兵出京。載漪俟秉衡出門，復召拳匪首領入邸，叫他帶領匪徒，去拿徐用儀、聯元、立山三人。匪首歡躍而去。不數時，將三人擁至刑部。刑部尚書趙舒翹，已由載漪著人接洽，便命把三人推出斬首。可憐徐尚書年已及耄，做官已四十多年，平白地遇此飛殃，竟至身首異處。臨刑時也沒有怨言，但說：「洋兵定要來京，我死於國法，不死在洋人手中，還算幸事。」聯元本崇綺高弟，至是因反抗端王，亦遭奇禍。立山官內務府二十年，資財頗裕。嘗與載瀾爭暱名妓綠柔，兩下里很是吃醋。此番奏阻戰事，載漪已經懊惱，載瀾尤加慫恿，以此家資被拳匪搶光，自己亦身死燕市。敘三人死事與袁、許二公略有分別，這是著書人闡微處。

話分兩頭。且說李秉衡率兵出京，帶著部下張春發、陳澤霖、夏辛酉各軍，浩浩蕩蕩，發往通州。前驅又有許多義和團，奇服異裝，非鬼非怪，沿途縱躍過去，差不多如生龍活虎一般。想從李秉衡心目中看出。到通州後，復出至河西務，遙見前面敗兵陸續奔來。秉衡勒馬問明，乃是直督裕祿麾下的士卒，報稱連戰三次，都被洋兵殺敗，沒奈何只好返奔。秉衡又問道：「裕制軍在那裡？」敗兵答道：「裕制軍受傷頗重，聞已在蔡村自盡了。」秉衡不禁大叫道：「可惜！可惜！」可惜什麼，你也要步他後塵了。隨撫慰敗兵道：「你等不要入京。我已來接應你們，明日隨我接仗，定可轉敗為勝。」夢話。敗兵多半未信，奈途中為他所阻，只得跟隨了他，再作計較。又行數里，見前面塵頭大起，隱隱聞著槍炮聲。料是洋兵前攻，忙飭各軍紮營，準備對敵。令甫下，軍中已鼓譟起來。秉衡驚問何事？但聽得一片喧聲道：「洋兵來了！洋兵來了！」秉衡道：「有我在，怕什麼樣兵！」你不唸唸退兵咒。言未已，果然骨碌碌的彈子，在前面亂滾。前隊一班團民，吶一聲喊，都落荒逃走。何不用兵法部勒。秉衡大憤，令張春發、陳澤霖等下令軍中：逃者立斬。張、陳二人回稟道：「大敵當前，軍心已變，看來是不便交戰哩！」秉衡叱道：「你等說什麼？養兵千日，用兵一時，如何臨敵先怯哩？」陳、張二人道：「有法術的義民未戰先潰，況沒有法術的軍士，叫他如何敢戰？」秉衡尚想再言，前面的槍彈來的愈緊。陳、張二將不待秉衡軍令，竟帶著部兵，回頭就走。秉衡見不可支，也只得拍馬轉來，入通州城。各軍四散，任你李鑒帥如何禁止，沒一個去服從他。秉衡頓足道：「罷了！罷了！早知如此，我也不北上了。」後悔已遲。隨即服毒自殺。

秉衡一死，洋兵長驅直入，進逼京師。大學士榮祿忙入宮奏聞西太后。西太后到此，也腳忙手亂起來，便道：「怎麼好？」榮祿默然不答。西太后道：「我方寸已亂了，你替我想個法子才好哩！」榮祿道：「奴才原不敢主戰。那是端、剛等欺矇太后，攪得這般樣子，叫奴才如何設法？」西太后不禁垂淚進：「除死無大難，我與皇帝一同殉國吧。」恐怕你的老命還不肯如此棄掉。榮祿也含淚道：「現在奴才尚有一法。」西太后急問何策？榮祿道：「速下旨將端、剛等正法，表明朝廷本心，再與各國公使商量停戰。」西太后道：「各國公使尚在麼？嚇昏了神。你快快派兵護送出京，也是阻住洋兵的一法。」榮祿道：「恐他未必答應。」西太后道：「你且去與各使商議，再作計較。」

榮祿出去，到了總署，載漪尚命董福祥等，速攻使館，立刻踏平。榮祿冷笑道：「等到使館踏平，京城早化為烏有了。」載漪道：「不是漢奸接濟，幾百個洋鬼子早已殺盡，何至今日？」榮祿也不去理他，只命軍機寫了照會，派總理章京舒文送往使館。舒文奉命前去，甫到東交民巷，見載瀾親自督攻，兵匪搖旗吶喊，與發狂相似。東交民巷的使館，並非銅牆鐵壁，如何屢攻不入，恐怕外人倒有法術呢！舒文不禁好笑，誰知已被甘勇瞧著，抓住舒文，險些兒把他斬首。舒文忙取出照會，遞與他瞧，方放他過去。舒文送入使館，各使不待瞧畢，便即擲還，置諸不答。舒文只可回報榮祿。

榮祿復入宮復奏。西太后的老淚又一點一滴的垂將下來。你即哭死，亦是無益。榮祿道：「太后慈壽已高，不宜再受驚嚇。依奴才愚見，不如暫幸熱河，聊避寇氛。」西太后遲疑良久，方道：「熱河在京師北方，也非安靜之處。若要避難，不如出幸張家口。」榮祿道：「但憑太后主裁。」西太后道：「你去探聽外邊確音，再行定奪。」榮祿出去，西太后又召見載漪，大加訓斥。載漪道：「奴才前時曾奏聞老佛爺，請殺奕劻、榮祿、王文韶等人。若將這幾個漢奸先行正法，洋鬼子斷了接濟，那時使館早已蕩平，還有那個敢來呢？」西太后怒道：「你鬧到這般地步，還敢再來瞎說。限你今夕想好法子阻住洋人入京，否則先割你的狗頭。」載漪不禁伸舌，轉身竟出。

是夕各國聯軍已至京城外駐紮，用巨木作架，架上置著大砲，向城開放，隆隆不絕。城內流彈紛飛，房屋多被擊壞，人民多受重傷，號哭聲震動天地。西太后在寧壽宮，也隱隱聞著，心中很是不安，夜間就召見軍機數次。大眾面面相覷，不發一言。須臾天明，炮聲愈緊，載瀾匆匆入宮道：「老佛爺，洋鬼子來了。」西太后尚未及答，剛毅隨入，報稱有回兵一大隊，駐紮天壇附近。想是從甘肅來援，或可退得洋兵。西太后道：「甘肅很遠，難道會派勇入援麼？」言未畢，榮祿又進來道：「事已急了，請太后速決大計。」西太后道：「剛毅說有回部入援，屯駐天壇。」榮祿不俟說完，忙道：「那是俄國的哥薩克兵，如何認作回部。」西太后著急道：「如何是好？」剛毅道：「三十六計，走為上計，請老佛爺即刻出走。否則外國鬼子就要進來，那時走亦不及了。」何不叫義民攔截。西太后道：「快去預備車輛要緊。」剛毅應聲出去。西太后復語榮祿道：「京城內外，統兵的大員難道都逃去嗎？」榮祿道：「馬玉昆從北倉敗回，現令防守京城。」西太后道：「你去傳旨，叫他速選精兵千人，往頤和園候著，教他保護我們。」榮祿亦遵旨去訖。太后復連召軍機大臣，叮囑京內一切事情。到了夜半，還要召見軍機，等了許久，只有王文韶、趙舒翹、剛毅三人入宮。西太后道：

「他們到那裡去了？想都跑回家去了。丟下我娘兒不管，真好良心？」性命是人人要的，寧特你母子要命。說著時淚珠又流個不盡。王文韶奏慰道：「太后不必過悲，臣等盡願隨駕。」西太后道：「好！好！無論有什麼事，你們總要跟著我走。但你年紀也大了，我不忍叫你受這辛苦，你隨後趕來吧。」又語剛毅道：「車輛已備好麼？」剛毅應聲稱「是」。西太后道：「你與趙舒翹同會騎馬，應該隨著我走，沿路照顧，一刻不能離開。」兩人統稱「遵旨」。西太后道：「你們出去，明晨進宮愈早愈好。」三人同時去訖。

西太后令宮監通知帝后及妃嬪等人，自己略略臥著。剛要朦朧睡去，忽聽一聲怪響，驚了一身冷汗，忙問侍女道：「何處來的怪聲，莫非洋兵已入禁城麼？」侍女道：「沒有怪聲，只有雞聲。」風聲鶴唳，草木皆兵。西太后道：「雞聲已唱，要天明瞭，快起來吧！」侍女們當即俱起，李蓮英亦即入值。西太后起床盥洗皆，仍要蓮英替她梳髻，並囑道：「你與我梳一漢髻吧，趕快要緊。」蓮英忙與梳櫛，挽就一個麻姑髻。西太后攬鏡自照，含淚道：「誰料今天到這樣地步！」叫問你自己。復語李蓮英道：「時已不早了，快去叫皇帝來吧。」蓮英匆匆出去。不一時，光緒帝帶著后妃人等統到寧壽宮，請過早安。西太后垂淚道：「洋人就要進來了，我等逃命要緊，快快走吧！」光緒帝大哭道：「子臣情願殉國，請聖母暫時出幸！」西太后道：「殉國有什麼益處？白送掉性命。」光緒帝尚是狐疑，西太后大聲道：「不必多想，隨我走吧！」光緒帝道：「宮眷很多，如何走法？」西太后道：「我同你先至頤和園，那邊有衛兵候著，叫宮眷們陸續出來，到園內會齊，就好動身。」光緒帝只好遵著，轉顧瑾妃道：「你的妹子在三所，奈何？」西太后聞言怒道：「你尚記著這狐媚子麼？」便囑崔太監道：「你速去引來見我。」崔監已去。西太后又囑皇后道：「你去將宮中金銀財寶，統教宮監們搬到這裡。埋在院子裡面，較為妥當。」皇后挈著瑾妃，亦即出去。

此時崔閹已帶著珍妃入宮。珍妃至西太后前，跪下請安。西太后道：「洋兵來了，我本擬帶你出宮，可奈拳眾如蟻，土匪蜂起，你年紀尚輕，倘被擄遭汙，怎麼好哩？我看你不如去死，落得乾淨。」珍妃倒也不甚畏懼，反朗聲道：「婢子死不足惜，但皇上亦應留京才是。」西太后喝道：「你說什麼？」便回顧崔監道：「你快帶她出去，推入井中。」光緒帝聞了此語，魂靈兒幾飛入九霄，連忙跪下碰頭乞恩。西太后大憤道：「起來，你還要替她講情麼？自己性命都保不住，還要庇護這狐媚子。我偏要令她去死，好懲戒那不孝的孩子，並教那鴟梟看看，羽毛稍稍豐滿，便要啄他孃的眼睛。」到此地步還凶悍至此，令人一讀一恨。崔監本是內廷總管，仗著自己凶威，竟將珍妃牽去。光緒帝目不忍睹，只聽得一片嬌啼，送入耳中，模模糊糊的聽著「拜謝皇恩，來世再見」八字，我不忍聞。不覺哀痛異常，忍不住嗚咽起來。崔監還洋洋自得，入宮覆命，說已推入寧壽宮外的大井了。後人曾有宮詞吊珍妃道：

趙家姊妹共承恩，嬌小偏歸永巷門。
宮井不波風露冷，哀蟬落葉夜招魂。

珍妃已歿。忽有二人奔入宮來，大聲道：「不好了！不好了！」畢竟二人為著何事，且至下回再敘。

袁、許二公之被殺，旨出西太后。徐用儀、聯元、立山，則實由載漪殺之。載漪何人，乃敢擅戮大臣乎？吾謂西太后不殺袁、許，則載漪猶不敢擅殺三大臣，袁、許可殺，三大臣亦何嘗不可殺乎！是殺袁、許二公者西太后，殺徐用儀、聯元、立山三大臣者，亦未始非西太后，不過假手於載漪耳！不然，西太后豈竟聾瞽，絕無見聞乎？迨至聯軍入京，倉猝出走，猶必置珍妃於死地。惡之即欲其死，庸得謂非大惑者？榮祿屢請殺端、剛諸人，卒未邀准，可知庚子之亂，西太后實任其咎。著書人雖未明言，微旨已躍然紙上。

失京師出奔慈駕　開和議懲治罪魁

卻說二人入報西太后，太后瞧著，乃是貝子溥倫，及大阿哥溥儁。忙問何事？二人道：「東直、齊化二門已被洋鬼子攻入了。」西太后忙道：「外面有車輛來麼？」言未已，剛毅已到，報稱有三輛騾車到來。西太后道：「很好！快走吧。」正要出宮，皇后及瑾妃亦到。西太后忙語皇后道：「囑咐你的事情，快快辦好，我不及檢點了。臨走還要顧著財物，真是死要金錢。你等去改換漢裝，隨後就來。」皇后唯唯從命。

西太后挈著大阿哥，叫溥倫隨著光緒帝，同出宮門。后妃以下，一律跪送，恭祝西太后萬壽。西太后也不暇回答，只語李蓮英道：「我知你不慣騎馬，你侍著皇后來吧。」又行數步，趙舒翹亦到，向前行禮。西太后道：「不必，你與剛毅騎馬，隨著我走便是。」趙舒翹便讓太后、皇帝等先行。車伕見兩宮出來，便移近了車。西太后命溥倫道：「你掛皇帝車沿，好招呼。我坐的那輛車，教溥儁掛沿。」當下統已坐定，西太后又命車伕道：「快趕往頤和園去。若有洋鬼子攔阻，你不要說話，我會跟他說的。我們是鄉下苦人逃回家去。」車伕也不答應，盡力趕這騾子。出了神武門，天已啟曉。看官記著，這日是光緒二十六年七月二十一日。是年正是庚子年，歷史中叫做庚子之變。點明年月日，與上文筆法相同。

西太后等既出內城，復至德勝門。但見人山人海，擁擠得不可名狀。車伕略略逗留，西太后不勝焦急。虧得剛毅、趙舒翹放馬趕到，大眾防馬蹴踏，讓開兩旁，方得前行。沿途幸沒有洋人阻擋，一直至頤和園。滿員恩銘正在園中值差，驀見有騾車二輛，馳入園中，正思著人詰問，適溥倫、溥儁下了轅，至恩銘前想見。恩銘方驚道：「何故坐著騾車？」溥儁忙答道：「洋鬼子入京，老佛爺慌得走了。」活繪一個蠢童口吻。恩銘道：「老佛爺在那裡？」溥倫回顧道：「那不是老佛爺麼？」恩銘望將過去，只見一個漢裝的老嫗，穿著一件藍布夏衣，如鄉間農婦相似。後面隨者一人，乃是黑紗衫，黑紗褲，不禁詫異起來。仔細一瞧，方知是西太后及光緒帝，兩宮服飾，就恩銘眼中寫出。忙搶前跪謁。西太后著急道：「此刻不是行禮的時候，你快起來，飭侍從收拾園中珍寶，送往熱河，免被洋鬼子劫去。」專顧珍寶不顧人民。恩銘方才起立。西太后又道：「昨日馬玉昆帶兵來否？」恩銘道：「他於昨晚到此，大約有兵數百人，現在園右屯駐。只他未曾說明慈駕到來，所以奴才不先路迓。」西太后道：「知道了，你去照辦吧，不必在此侍著。」恩銘奉命自去。剛毅、趙舒翹亦下馬入園，陪著太后、皇帝等，至樂善堂少坐。園吏奉上茶點，西太后隨飲隨食。命光緒帝以下統共食畢，才見皇后、瑾妃及李蓮英等到來，未幾又有端王載漪、慶王奕劻、肅王善耆暨貝子、公爵數人同至。

西太后便命動身。當由馬玉昆帶著各兵，前護後擁，向西出發。途次統是曠野，人跡稀少，遍地荒涼。行了十餘里，已是晌午，後面又有數大員趕到。西太后瞧著，乃是軍機大臣溥興、吳汝梅及各部堂官數人。便問：「京中怎麼樣了？」溥興答道：「奴才出京時，聞正陽、永定兩門統被洋兵占去。這時不知如何了。」西太后道：「我們出走，洋鬼子尚是未知。倘若被他知道，不是要追來嗎？」便命馬玉昆道：「你帶著各兵緩緩隨著，讓我們先行一程。前面想無洋人，總教後面截住，便不妨了。」玉昆奉旨，勒兵暫停，讓西太后等前去。西太后等又行數十里，腹中轆轤不絕。各想買些食物，苦無購處。西太后顧李蓮英道：「我們迤邐行來，已不下數十里，如何茶店飯館一家沒有？現在口也渴了，腹也饑了，何處覓些茶點來？」蓮英道：「待奴才下去查覓，再行覆命。」說罷飭輿夫停車，下輿徑去。是時十餘輛車子，均已停著。道旁近小村落，有幾個農夫野老，前來問訊，西太后只以避難告，不敢說出真情，並問鄉民道：「此處系往來大道，何故無食物可買？」鄉民道：「此地近著長城，本來不甚鬧熱。現聞洋兵入京，恐他來此騷擾，所以當地大賈多走避一空，就使近地有幾爿鋪子，也都閉戶去了。我們窮苦得很，沒資遷徙，只得挨死居此。」西太后點頭。有頃，李蓮英方抱甕轉來，呈與太后道：「村中沒有食物，只有涼茶少許，請老佛爺一嘗。」西太后取甕一喝，也不管茶味好歹，飲了幾口，遂遞與光緒帝。光緒帝瞧著，這甕口骯髒的很，且不必說甕內的茶葉好似柴片，茶水又似驢溺，便搖著頭交與蓮英道：「你去還他。」究竟光緒帝系出天潢，比不得西太后幼時微賤，所以西太后還可飲得，光緒帝恰是不願。蓮英又入村還甕。光緒帝微嘆道：「這統是拳匪的恩賜。」西太后忙截住道：「休要多言。」至蓮英轉來，覆命開車。車伕多半喧嚷，統說腹饑無力。還是西太后好言撫慰，方才前行。至貫市日已薄暮，又由蓮英下車去覓食物，仍無購處。一時急得沒法，只得向市民道：「我等統是宮眷，逃難至此，一日沒有茶飯，求你們接濟一點，不吝重酬。」市民聞言，方獻上麥豆。大家爭著掬食，俄頃即盡。比宮中食味何如？西太后道：「時近黃昏，何處投宿？」市民道：「此處有回回教堂，頗還寬敞，倒可借宿一宵。」西太后取出好幾塊銀子，給與市民。市民很是歡躍，爭至教堂先容，於是西太后等方得宿處。教堂中空空洞洞，只有一個磚炕，又無被褥等件。西太后上炕暫臥，光緒帝以下俱坐地打盹，一宵苦況不勝縷述。翌日早起，買了些粗麥、粉慓、蔬菜等物，又至向光峪駝行。貰了三乘駝轎，西太后自坐一乘，一乘給皇后，一乘給光緒帝及貝子溥倫，其餘仍各乘騾車。大阿哥不得乘駝轎，已寓廢儲之意。

啟行至居庸關，延慶州知州秦奎良迎駕。延慶本是個苦缺，所獻食品，沒甚可口。西太后到也隨緣。臨行時，奎良想與西太后等換頂大轎，飭役購辦。各處覓購，只有藍呢轎一乘。沒奈何奏明太后。西太后道：「也好。」遂自乘藍轎，其餘仍舊。奎良送駕去訖。一路行來，荒落如故。

至二十四日到懷來縣，才覺有些喧鬧。懷來縣知縣吳永，驟聞駕到，不及穿著官服，慌忙便服出迎，跪於大堂左首。縣中百姓都擁入署內環視，吳永飭役驅逐。西太后降輿後，語吳永道：「這等樸實的鄉民，不妨令他來觀，休去攆他。」吳永便請西太后等入室，家眷也來跪迓，西太后概稱免禮。當下西太后住縣太太房，皇后、瑾妃住少奶扔房，皇上住簽押房。西太后至房中，拍著桌子語李蓮英道：「快教吳縣官去備食物，我腹中已餓極哩！」蓮英傳旨出去，吳大令驚惶得很，忙令廚師先備點心，送入上房。西太后拿來就吃。稍稍果腹，就取了吳夫人的奩具，叫蓮英替她梳櫛，改了滿髻。梳畢進膳，恰有燕窩魚翅，雖不及宮中豐備，比那途次的食物，不啻天壤，西太后以下飽食一餐。吳大令又進呈衣服，西太后大喜道：「好孩子，難為你辦得周到，我很要超擢你了。」便叫李蓮英傳語光緒帝，速寫朱諭，升吳永為道員。吳永謝了西太后恩，並出去向光緒帝謝恩。吳永恰是交運。

忽報軍機大臣王文韶到來。忙由吳永接入，進見西太后。太后殷殷垂詢，備問途中苦狀。王文韶道：「幸叨老佛爺福庇。」西太后道：「我等已備嘗艱苦，想你亦應亦如此。但不識京中究作何狀？我很是擔憂呢？」王文韶道：「臣觀洋兵入京，並非定要占奪京城。倘令親貴回京議和，洋人當亦釋嫌停戰了。」西太后道：「我也這麼想。

看來只好著奕劻前去。」隨召慶王入內，囑他回京，與各國聯軍議和。慶王不敢前往，奏稱：「奴才恐不勝任。」西太后道：「從前咸豐年間，英法聯軍入都，有恭王奕訢主持和議，方得轉危為安。現今恭王去世，唯你能肩這重任，你只可勉為其難，毋得再辭。」何不遣得力軍襲擊洋兵。慶王尚是支吾，西太后的珠淚又撲簌簌的墜下。慶王方硬著頭皮，口稱「遵旨」，並請西太后下詔罪己。當在懷來縣住了一宿，告別返京。

西太后復休息一天，於次日早起動身。才命陪駕各大臣，下了一道罪己詔。詞旨似極懇切，實則將中外開釁的緣故，統推在親貴及拳匪身上，只把自己蒙塵的苦況說了一番。且又是光緒帝的名義，於西太后似全無干涉的。那個相信。西太后閱過詔旨，便命吳大令頒發各處，隨即啟行。閱三日方到宣化府。府中供張較備，一直住了四日。又至大同府，也住了四日，決計西幸太原。遣幹役齎諭赴京，命部院堂司各官，分班速赴行在。正要登程西去，忽報甘肅布政使岑春煊，帶兵到來，進見西太后，呈上雞蛋及荷包帶子等。西太后問道：「你何故知我到此？」春煊道：「臣奉勤王詔命，星夜前來，不意至此已接著慈駕，臣還覺遲慢，乞太后治罪。」西太后喜道：

「甘肅到此，路程甚遠，怪不得你遲緩。各省大臣們如人人像你忠誠，我等也不必出走了。你來正好，今日即護我西行。」春煊奉旨就扈了兩宮西幸，西太后方得換坐綠呢大轎，行仗亦覺粗備。

越兩日，至雁門關。負山為城，高可千仞，形勢很是雄壯。西太后命暫停輿，瀏覽一帶風景。忽語光緒帝道：「此次出京得觀世界，也算有些樂趣。」黃連樹下彈琴，苦中作樂。光緒帝道：「人心當快樂時，自然如此。」岑春煊下馬，採了一束黃花，獻與西太后。西太后饒有喜容，即以乳酪一杯作為賞賜。逮至忻州，地方官進呈黃轎三乘，至是始符儀制。

過數日方到太原，巡撫毓賢在城外跪接。西太后命他近前，面諭道：「你請訓出京時，力言義和團可靠。可惜你錯了，目下北京已破，我等蒙塵至此。看山西境內，確無洋人，你也好算奉旨了。但洋人報仇必索禍魁，我將來不得不把你革職。但你不必因此傷感。為眼前計，無可奈何，你宜體貼我意方好。」觀此語，可見拳匪之禍，實自西太后造成。毓賢九叩首答：「奴才捉拿洋人，如甕中捉鱉，雖小洋鬼子及小洋狗，也不使他倖免。臣已預備革職受罪。義和團的打敗，由他們不遵法律，擾亂治安，無論是教民與非教民，統加殺掠，以致如此。他拳首實是可靠的。」可謂至死不悟。西太后不去答他，遂命輿夫人城，寓居撫署。

不一日，慶王奕劻有電奏到來，果然洋人首索禍魁，指出好幾個姓名，毓賢亦在其內，非加重闢，不能停戰議和。西太后頗費躊躇。適湖南布政使錫良以勤王故赴行在，西太后遂命署山西巡撫，將毓賢開缺。一面電催李鴻章速赴京師，與慶王奕劻協力議和，準其便宜行事。時鴻章早交卸粵篆，北行至滬，聞聯軍已逼京都，料知直隸不便履任，便在滬上逗留。只電奏了一本，請將拳首正法，並罷斥端、剛諸人。那時西太后避難不暇，還有何心覽奏。及駕至太原，又記起這位李伯爺，連忙電諭敦促。李伯相慣作居間人，此次恰亦非他不辦。李鴻章老成更事，先電京問各外使有無允和的意思。各使覆電候議，李伯爺方乘輪北上。識見固優，未免狡猾。既到京畿，覆電奏行在，請派劉坤一、張之洞會商和議。西太后照准，並令榮祿亦會同議和。榮祿自京師失陷，與崇綺同逃出城，走至保定。崇綺投繯畢命，由榮祿代奏，請照例賜恤。嗣奉會同議和的上諭，意欲返京。不料駐京各外使，竟與奕劻晤談，不願接待榮祿。榮祿只得馳赴行在。

是時江蘇巡撫鹿傳霖亦北上勤王，甫至近畿，聞兩宮已往西走，遂繞道赴山西。西太后見他來到，很是喜慰，召見一次，即命在軍機大臣上行走。旋聞榮祿亦到，立刻召入，垂詢途次情形。榮祿奏稱途中平安，只妻室在道病歿。西太后很為悲悼，是西太后的老朋友，無怪其然。命升榮妾劉氏為福晉，並問及善後事宜。榮祿道：「只有一條路：必須殺端王及其他信用拳匪的王大臣。」西太后嘆道：「剛毅已在聞喜縣死了，保全首領大是幸事。此外且從緩議。你妻既死，不妨在此開吊。你且勉抑悲懷，助我辦理各事。」榮祿遵旨謝恩。

會接慶、李兩大臣電奏，略稱：京城裡面，雖由洋兵分段占據，卻比拳匪在京時安靜許多。宮禁統歸日本兵保護，妃嬪以下一概無恙。只大學士徐桐自縊，前黑龍江將軍延茂、祭酒王懿榮、熙元、侍讀寶豐、崇壽、翰林院庶吉士壽富等亦均殉難。太后閱至此處，未免悲喜交集。看到後文，乃是和議入手：第一要嚴懲罪魁；第二要兩宮回鑾。若蒙照允，方得開議。看官試想：這兩件事是難不難呢？罪魁多是親貴，一時如何懲治？況西太后有意縱使，若要加罪，難保他不反唇相譏。是第一件已是難辦。至於回鑾一節，本可允准。但和議尚無頭緒，一旦倉猝回京，四面統是洋兵，倘或翻起臉來，那時鳥入籠中，豈不由他播弄？這也是難以照准的。當下召集行在諸大臣，會議行止事宜。各大臣俱不敢措議，唯榮祿以兩宮總應回京，略略奏對數語。西太后道：「近日總不便回鑾。唯此地亦非久駐的地方。」西太后此語蓋恐毓賢結怨洋人，洋兵未免報復耳。隨問岑春煊道：「陝西如何？」春煊答道：「陝西地勢鞏固，雄關天險，可無他慮。」西太后道：「我等不如暫幸西安。俟和議成後，再行回鑾。現令你為陝西巡撫，先赴西安，籌備行宮。我等即日可以動身。」春煊謝恩去訖。西太后復酌定懲辦罪魁一條，將莊王載勛、怡王溥靜、貝勒載濂、載瀅等革去爵職；端王載漪撤去一切差使，交宗人府嚴議；載瀾、英年交該衙門嚴議，趙舒翹交都察院吏部議處。一面優恤被戕德使克林德及日本書記官杉山彬。兩諭遣員齎京，自己帶著帝后等人又復西去。看官你想西人所要求的兩事，一件沒有實行，空把那無關痛癢的詔書，齎交議和大臣，令他對付西人，那西人肯就此停戰麼？

是年適有閏八月。各國聯軍復分兵占山海關，踞北塘炮臺，復西出攻陷保定，殺直隸布政使廷雍。並聲言將西追兩宮，直入山、陝。正是：

出走倉皇猶庇匪，聯軍猖獗又追馳。

畢竟後來和局如何，且至下回再閱。

本回純敘西太后蒙塵事，歷歷寫來，備見苦況。可知福為禍倚，樂極悲生，古今以來，大都如此。若西太后以誤信奸邪之故，至於倉皇出走，素衣豆粥，一飽難求；在別人處之，必有深悔前此之非，極力懲治罪魁，以謝天下。乃待外人之要請，猶流連不忍，徒欲以革職議處之薄譴，敷衍了事，何視臣民若土芥，而視權奸若干城耶？天下唯婦人處世，往往因小不忍之心，釀成大亂。故婦人不足與語家國事，西太后其殷鑒也。

定北京全權議款　寓西安下詔回鑾

卻說各國聯軍因中國不允所請，仍遣兵西進，陷了保定，直攻宣化。宣化知府惶急萬分。虧得總兵何永鰲，保薦了一個塞上福星、朔方生佛，才得和平就緒。這人非別，乃是道員趙敦和。敦和前在江南，辦理洋務，信孚中外。是時適在北方，即由何總兵稟請察哈爾都統，星夜檄調。逮敦和至，單騎馳敵軍，請將城池保全，勿縱兵隊擾害，往返商酌。洋兵素慕趙名，當即允議退兵。嗣敦和奉旨總辦察哈爾張家口洋務局，招練警察，保護商旅。人民大悅，因此推為塞上福星、朔方生佛。老佛不及小佛。

聯軍擬轉攻他處，適又接到行在電諭，重懲罪魁：載漪革職，載勛、溥靜、載瀅同交宗人府圈禁；載濂革爵；載瀾、英年降調；趙舒翹革職留任；毓賢充邊；董福祥亦革職，回甘肅原籍。聯軍統帥瓦德西，以縱容拳匪諸臣無一正法，仍然未允。慶、李兩全權大臣只得申奏行在，再請重懲首禍。一面運動了一位豔幟高張的尤物，令她暗中設法，轉圜和議。

看官！你道這尤物是誰？乃是前出使大臣洪鈞的簉室，前名傅彩雲，後號賽金花。聞名久矣。她原籍本隸姑蘇，依著姊氏，懸牌滬瀆。生小已是傾城，及笄，居然冠世，水上桃花為性格，湖中秋藕比聰明。翰林院修撰洪鈞丁憂回鄉，道出申江，作平康遊，一睹芳容，愛同拱璧，遂出重金購為簉室。後來攜至都下，適奉朝旨超擢侍郎，出使英國。一對比翼鴛鴦，竟爾雙航歐海。到英後，居然充做公使夫人，一般的覲見英皇。英皇維多利亞是全球中著名女傑，瞧著她風流細膩，也驚為極豔，稱她為東方美人，時令她出入英宮，視同膩友，曾並坐攝影作為紀念。歐洲各國得此照片，嘗什襲珍藏。誰知歸國以後，不二年洪侍郎病亡。賽金花不亞夏姬，洪殿撰偏遜巫臣。彩雲寂寂寡歡，竟與她俊僕相姦，儼為夫婦。忽而昇天，忽而入地。既而私蓄用盡，所歡亦夭，沒奈何仍回滬上，再操賣笑生涯，改名賽金花。蘇人把她攆逐，又返津門，再改名曹夢蘭。會聯軍到來，她不及避難，正在驚惶的時候，誰料德帥瓦德西竟折柬相招。霎時間落溷名花，又做了西帥寵眷。既入京，德兵憤駐使被戕，將虐待京中官民，復仇洩恨。禮部尚書懷塔布、侍郎李昭煒、御史陳璧等，或被遣拉車，或被迫運屍，或被召擔糞負石，稍一違慢，立施鞭撻。因此達官貴人多半擺酒接風，請出自己的妻妾，侍宴承歡，只恐那碧眼驕兒，動氣惹惱。可奈西兵素性，於淫掠一層，到還少見，只戲弄華人，卻無所不至。幸賽金花起了一片婆心，婉勸瓦帥代為請命。有時懷中嬌語，有時枕畔私談，任你威震全球、權傾八國的大元帥，到此也俯首聽從，嚴申軍禁，保護京民。都中人士統懸著順民旗，盛稱瓦帥威德，哪裡曉得他都是受教美人呢！西太后對之，應有愧色。瓦德西命把儀鑾殿做了聯軍統帥府，所有內房，即做了統帥藏嬌室。日間管著無數軍士，驅叱熊羆，夜間擁著半老嬌娘，顛倒鸞鳳，倒也非常忙碌。李伯爺聞這訊息，遂與慶王奕劻商議，通內線與賽金花，教她暗裡調停。賽金花頗具愛國心腸，嘗乘間慫恿瓦帥。瓦帥雖握著全權，究竟事關重大，須要七國統同應允，方好修和。他一面諮照慶、李兩大臣，準即停戰；一面與七國政府及駐京公使商酌，特別轉圜。兩宮回鑾這一件不妨少緩，只嚴懲罪魁一條，總要狠狠的辦一下子，才有議和可言。於是慶、李兩大臣申奏，西太后也顧不得什麼，只得再行加重。諭將載漪、載瀾均發往新疆，永遠監禁，載勛賜自盡；毓賢正法，英年、趙舒翹斬監侯，剛毅追奪原官，徐桐、李秉衡撤消卹典，並一概革職。當由慶、李轉致瓦德西。

瓦德西又集眾會議，大眾尚嫌從輕，李鴻章允再申請，唯先請示和議大綱，瓦德西照允。過了數日，方將和議約稿錄出。內列十數款，由慶、李兩大臣逐條研究。條條是不便遵行，無如彼直我曲，彼強我弱，彼眾我寡，勢難堅持到底，只得把最關利害的約文駁了回去。看官試想，此時的紫髯公哪裡還同你講理！自然大言無忌，定要照原約施行。慶王資望本沒有什麼，明知言不足重，竟把這副重擔子推交與李伯爺。諸滿員謂漢人不足恃，何故事到萬難，仍要漢人辦理？李伯爺諉無可諉，沒奈何提起精神，與外人仔細交涉。談論了好幾月，聽過若干諷刺，看過若干臉面，才磋定議和大綱十二章。節錄如後：

一、德國公使被戕，由中國派親王專使謝罪，並於被害處樹立紀念碑。

二、肇禍諸人由各公使指出，嚴懲無貸。其戕虐各國人民之各城鎮，停止文武考試五年。

三、日本書記被戕，中國須用優榮之典，致謝日本政府。
四、各國人民墳墓，有被汙瀆發掘之處，由中國建立碣碑。
五、軍火及專為製造軍火材料，公禁入口二年。
六、中國允賠償各國公私損失，計四百五十兆銀兩，分三十九年償清。年息四釐，如期當本息兩清。
七、劃使館附近地界，駐兵保衛，界內不許華人雜居。
八、大沽炮臺削平。
九、由京師至海道，擇要屯駐西兵。
十、華民此後如有肇亂情事，立罪該地方長官，不得藉端開脫。並張帖永禁軍民仇外之諭。
十一、修改通商行船條約。
十二、改總理各國事務衙門事權。

大綱已定，即由兩全權大臣飛奏行在，西太后不能不允。且見條約中沒有關係自己明文，心中也放寬一半，遂下旨照允。可見前次要求歸政的照會，明是捏造。並命兩全權磋商詳細節目。慶、李接旨後，即簽復瓦德西，約期撤兵。瓦德西也是樂從。

誰知儀鑾殿犯了穢禁，觸怒九廟神靈，居然請祝融氏稅駕，於夜半逞著火威，嗶嗶剝剝的爆裂起來。那時這位瓦大帥方在溫柔鄉中，尋那高唐好夢，驀然驚醒，已是濃煙滿室，無戶可鑽。舉目四瞧，只有一線窗隙尚是透光，他急不暇擇，忙劈開窗門，轉身挾住那嬌嬌滴滴的美人兒，一躍出窗，才得免禍。幾乎殺身，險哉色也。只一座儀鑾寶殿，已被祝融一炬，付作劫灰。

西太后聞這災耗，越加嘆息。且因外人索辦罪魁，指名載漪、載瀾、載勛、毓賢、英年、趙舒翹、啟秀、徐承煜等人，定要一一正法，沒奈何再降諭旨：載漪、載瀾斬監候，加恩貸死，永戍新疆，不復釋回；載勛已賜自盡，趙舒翹、英年亦均賜死，毓賢正法；獨啟秀、徐承煜於聯軍入京時，已被日本軍拘住，囚禁順天府署，西太后命兩全權大臣，索還二人，自正典刑。復昭雪徐用儀、許景澄、袁昶、立山、聯元冤誣，開復原官。並命將五月二十四日以後，七月二十日以前諭旨匯呈，將矯擅妄傳各旨，提出銷除。然後用光緒帝名義，下一悔過維新的詔旨道：

本年夏間拳匪構亂，開釁友邦，朕奉慈駕西巡，京師雲擾。迭命慶親王奕劻，大學士李鴻章，作為全權大臣，與各國議和，既有悔禍之極，宜頒自責之詔，朝廷一切委曲難言之苦衷，不能不為爾天下臣民明諭之：此次拳教之禍，不知者鹹疑國家縱庇匪徒，激成大變。殊不知五六月間，屢詔剿拳保教。而亂民悍族，迫人於無可如何，既苦禁諭之俱窮，復憤存亡之莫保。那個教你，弄到如此。迨至七月二十一日之變，朕與皇太后誓欲同殉社稷，以上謝九廟之靈。乃當哀痛昏瞀之際，經王大臣等數人，勉強扶掖而出，於槍林炮雨中，倉皇西狩。是慈躬驚險，宗社阽危。圜闠成墟，衣冠填壑，莫非拳匪所致。及此。始知為拳匪所致耶！朝廷其尚庇護耶？庇護久矣。夫拳匪之亂，與信拳匪者之作亂，均非無因而起。各國在中國傳教，由來已久，民教爭訟，地方官時有所偏，畏事者袒教虐民，沽名者庇民傷教。民教之怨，愈積愈深，拳匪乘機，寖成大釁。由平日辦理不善，以致一朝猝發，不可遏抑。是則地方官之咎也，淶涿拳匪，既焚堂毀路，急派直隸練軍彈壓。乃練軍所至，漫無紀律，戕虐良民。而拳匪專恃仇教之說，不擾鄉里，以致百姓皆畏兵而愛拳，拳勢由此大熾，拳黨亦愈聚愈多。此則將領之咎也。該匪妖言邪說，煽誘愚人。王公大臣中或少年任性，或迂謬無知，平時嫉外洋之強，而不知自量，惑於妖妄，詫為神奇。於是各邸習拳矣，各街市習拳矣。或資拳以糧，或贈拳以械，三數人倡之於上，千萬人和之於下。朕與皇太后方力持嚴拿首要，解散脅從之議，特命剛毅前往諭禁，乃竟不能解散。而數萬亂民，膽敢紅巾露刃，充斥都城，焚掠教堂，圍攻使館。非太后主使，安敢如此？我皇太后垂簾訓政將四十年，朕躬仰承慈誨，夙昔睦鄰保教，何等懷柔，而況天下斷無殺人放火之義民，國家豈有倚匪敗盟之政體。既知如此，何必當初。當此之時，首禍諸人叫囂隳突，匪黨紛擾，患在肘腋。朕奉慈聖，既有法不及眾之憂，寖成尾大不掉之勢。興言及此，流涕何追？此則首禍王大臣之罪也。都是他人不好。然當使館被圍之際，屢次諭令總理衙門大臣，前往禁止攻擊，並至各館會晤慰問。乃因槍炮互施，竟至無人敢往，紛紜擾攘，莫可究詰。設使火轟水灌，豈能一律保全，所以不致竟成巨禍者，實由朝廷極力維持。是以酒果冰瓜，聯翩致送，無非朕躬仰體慈懷。唯我與國，應識此衷。今茲議約，不侵我主權，不割我土地，念列邦之見諒，疾愚蒙之無知，事後追思，慚憤交集。唯各國既定和局，自不致強人所難。著奕劻、李鴻章於訂立約章時，婉商力辯，持以理而感以情。各大國信義為重，當視我力之所能及，以期其議之可行。此該全權大臣所當竭忠盡智者也！當京師擾亂之時，曾諭令各疆臣固守封圻，不令同時開釁。東南所以明訂約章，極力保護者，悉由遵奉諭旨，不欲失和之意。故列邦商務，得以保全，而東南疆臣，亦藉以自固。數語恐為東南疆臣所竊笑。唯各省平時，無不借自強為辭，究之臨時張皇，一無可恃，又不悉朝廷事處兩難，但執一偏之辭，責難君父。試思乘輿出走，風鶴驚心，昌平、宣化間，朕侍皇太后素衣將敝，豆粥難求，困苦饑寒，不如氓庶。不知為人臣者，亦嘗念及憂辱之義否？總之臣民有罪，罪在朕躬。朕為此言，並非追既往之愆尤，實欲儆將來之玩洩。近二十年來，每有一次釁端，必申一番告誡。臥薪嘗膽，徒託空言，理財自強，幾成習套。事過之後，徇情面如故，用私人如故，敷衍公事如故，欺飾朝廷如故。大小臣工，清夜自思，即無拳匪之變，我中國能自強耶？夫無事且難支援，今又構此奇變，益貧益弱，不待智者而知。爾諸臣受國厚恩，當於屯險之中，竭其忠貞之力，綜核財賦。固宜亟償洋款，仍當深恤民艱；保薦人才，不當專取才華，而當內觀心術。其大要無過去私心、破積習兩言。大臣不存私心，則用人必公，破除積習，則辦事著實。唯公與實，乃理財、治兵之根本，亦天心國脈之轉機。〈中略〉朕與皇太后有厚望焉！將此通諭知之。

這諭從西安頒發，莊王載勛、刑部尚書趙舒翹、都察院左都御史英年，也都在西安自盡。毓賢已遣戍新疆，行抵甘肅，方接到正法的上諭，由按察使何福坤監視行刑。啟秀、徐承煜，由慶、李兩全權索還，同殺於北京菜市口。啟秀臨刑時，尚問是誰人命令？監斬官謂奉西安諭旨。啟秀道：「這是太后旨意，不是洋人意思，我雖死無怨了。」只知有太后，不知有國家，死不足以蔽辜。

西太后默察時勢，料知此後行政，不便拘泥舊制，於是再下諭變法。命京師設立督辦政務處，派奕劻、李鴻章、榮祿、昆崗、王文韶、鹿傳霖為督辦政務大臣，劉坤一、張之洞遙為參預。京內外一班官吏，又復鼓唇弄舌，搖筆成文，談幾條變法章程，草幾篇變法奏牘。這是中國人慣技。西太后也施行幾種，先命銷毀各部署案卷，裁汰書吏；又飭各省清釐例行文籍，裁革胥吏差役；並令復開經濟特科；暨整頓翰林院，課編檢以上各官政治之學；再寄諭出使大臣，訪察遊學生，諮送回華，聽候考試錄用。總算新政發硎了。一面履行和議條約，授醇親王載灃為頭等專使，往德國謝罪；侍郎那桐為專使大臣，赴日本謝罪；改總理各國事務衙門為外務部，班出六部上，即令慶王奕劻為總理，王文韶為會辦大臣，瞿鴻璣為尚書，並授為會辦大臣。各國聯軍，見中國已如約施行，遂將條約十二款，附件十九則，一一簽字。慶、李兩全權，也隨同畫押。瓦德西即啟程回國。因西例不能無端納妾，只得把賽金花仍行撇下，快快而返。賽金花失了庇護，仍去做那老買賣，後來虐婢致死，被刑官批解回籍。這也不在話下。一場春夢。

且說西太后駐蹕西安，借了陝甘總督的行轅，作為行在。一切布置，略如北京儀式，飲食衣服，都由岑撫供奉。可奈諸事草創，室居湫隘，行宮正殿，老舊不用，旁殿召見人員。左首有一屋，為西太后起居所在。皇帝、皇后同居一小房，與太后臥室相通。西偏另有小房三間，居住大阿哥溥儁。李總管蓮英住在太后所居的東偏，只有一間。西太后住了幾月，常是悶悶不樂，想起頤和園情景，越加悽惻。那邊是亭臺殿閣，非常軒爽，這邊是荒涼逼窄，備極蕭條，未免有情，誰能遣此。而且度支很是拮据，岑撫又主張從儉，不使濫費。西太后每日膳費二百金，較之在京時不過十分之一。西太后嘗語岑撫道：「現在我們儉省多了。」岑撫對道：「聖母以儉德治天下，國用不難漸裕呢！」西太后不去駁他，只能得過且過。唯各省進貢物品及金銀，西太后無不貯藏。又因南方所貢，多系燕窩魚翅等物，大加嘆賞。每日必選擇數種，作為餚饌。雞鴨魚肉等又復減味。曾回憶豆粥麥飯時否？獨光緒帝所食菜蔬，與路上也差不多。太后下諭，每飯只准六餚，不得過多。自己喜食牛乳，於行在附近豢牛六隻，每月餵養費需二百金，陝西傳為異事，西太后尚不如意。嗣岑撫窺破慈意，奏請移居撫署。其實兩處房屋大略相似，西太后遷了過去，懊悵依然。何從得頤和園。

萬壽期屆，岑撫欲舉行慶典，貝勒溥侗反對，略言國勢危急至此，宗廟陵寢皆入洋兵手中，老佛何心更做萬壽？滿宗室中之佼佼者。西太后聞了此語，亦命停止祝典。幸山、陝頗有名伶，有時令他演劇，聊遣愁懷。一日西太后正在聽戲，忽聞座上有拍案聲，怒罵聲，不禁驚訝起來。急起視之，乃一肥胖少年，狀類傖荒，戴一金邊氈帽，內穿皮衣，外罩紅色軍服，如護標的棒師相似，對著臺上戲子大聲呵叱，說他鼓板參差，腔調浮滑，似有不共戴天的仇憤。仔細一瞧，並非別人，乃是大阿哥溥儁，忙語李蓮英道：「你去叫他過來，這個蠢兒越發不像了。」蓮英宣召溥儁至西太后前，由西太后訓斥一番，令他侍著，不得再離。戲畢，西太后入內，令李蓮英鞭責溥儁甚至百下。溥儁哭個不住，反說出那不尷不尬的話語來，是何詞耶？請看官自猜。氣得西太后胸懷噎塞。李總管亦眉目奮張，隨下令停閉戲園，又將酒館、茶肆，亦封禁數家，免得大阿哥出去遊蕩。

轉瞬間已是光緒二十七年，和議告成。慶、李兩全權及各省疆吏，陸續請兩宮回鑾，西太后乃下諭：擇於七月十九日由河南、直隸一帶回京。嗣因天氣尚熱，不便登途，又展期一月，改為八月二十四日啟蹕告歸。唯西太后寓居陝西，已將一年，自思沒甚恩意逮及陝民，似乎心中未快。可巧西安苦旱，西太后遂齋戒三日，特派大臣上太白山禱雨，恭代行禮。彼蒼者天，竟默鑒西太后誠心，降了一日夜甘霖。天道果屬有知也，是惠及陝民，非西太后所能幸致。隨扈諸大臣，又是賡颺盛德，代作一篇御製申謝文，泐石山巔，把西太后徽號十六字全鐫碑首。後人有詩詠道。

太白參天靈氣鍾，云碑麗藻豎層峰。
差同玉簡投龍壁，不似金輪詠石淙。

欲知兩宮回鑾情形，容待下回再表。

西太后以一時之私憤，不惜舉社稷生靈付諸一擲，至於北京殘破，城下乞盟，和約十二款，不必一一推究，即以賠款而論，計銀四百五十餘兆，加以三十九年之利息，不下千兆。試問此鉅款為誰人所負擔？殃民誤國，竭我脂膏，由欲以一紙虛文掩人耳目乎？清之亡，亡於西太后，即中國之弱，亦弱於西太后。端、剛諸人雖日首禍，微西太后之有心縱使，亦絕不致此？至寓居西安，每日膳費二百金，猶云太儉，每月豢牛費亦二百金，尚嫌不足；長安禱雨，適得甘霖，乃即鋪張揚厲，制文勒石，冠十六字徽號於碑首，謬以為至誠格天。吾謂荒妄至此，有益足令人齒冷者。葉赫，葉赫！那拉，那拉！千載而下，猶有遺憾存焉。

儲君被廢安輦入京　新政重行臨朝布敕

卻說光緒二十七年八月二十四日，兩宮自西安啟程，千乘萬騎，同時東行。沿途所備的行宮，及其他供應一切，統是力求完美，較諸上年出走時光，幾不啻天淵之隔了。前行為兵隊及侍衛，後行為扈駕大臣及宮監等，中為西太后、光緒帝、那拉皇后、瑾妃數人。西太后壽近古稀，望去不過如四十許人，衣裳華麗，珠錦輝煌。皇后、瑾妃也裝束如天仙一般，紛白黛綠，長袖輕裾，頭上所戴的珠寶，統是光耀奪目，秀美絕倫。獨光緒帝面帶愁容，冠服亦都晦暗。潛龍勿用。道旁觀者如堵。西太后有說有笑，毫不拘束；皇后以下統是面帶歡容。所難堪者，獨一光緒帝耳。一路行來，已入河南，豫撫松壽早派員在邊境迎接，西太后慰勞有加。就是沿途一帶的地方官，敬謹迎送，也均蒙太后嘉獎。獨李蓮英以下諸閹寺，乘機勒索，借勢呼叱，總叫饜他所欲，方無意外糾纏。地方官敢怒不敢言，沒奈何把官囊私蓄盡行供奉。後來仍向百姓取償，故國家大患莫若閹人。

既到開封，由豫撫松壽迎入。請過聖安，並奏報全權大臣李鴻章出缺。西太后訝道：「數日前尚有奏陳，誰知竟爾謝世。」松壽道：「京電於今日始到，料知慈駕必來，所以入城面奏。」西太后流淚道：「這次和議，也虧他竭力斡旋。目前大端雖定，細事未了。天何不假他一二年，令他辦理就緒呢？」這卻是平心之論。當下命隨扈大臣，擬定諭旨，贈李鴻章為太傅，晉封一等侯爵，入祀賢良祠，子經述襲封。尋復予謚文忠，除各省曾經建功地方許立專祠外，並立專祠於京師。漢員邀此重典，也算是不多得了。了李一生。是時王文韶已早返京，京中資格，算他最老，便令他署理全權大臣；又因李鴻章生前曾保薦袁世凱才可大用，命署理直隸總督。

西太后即欲入京，獨李蓮英從旁勸阻，請老佛爺暫住數天，過了萬壽祝期，方可啟行。看官，你道這李蓮英是何用心？他從前也庇護拳匪，與端、剛等同為罪魁，恐怕入京以後，又為洋人屬目，指名索辦，那時不能狡脫，自取災殃，於是勸止慈駕，靜探京中訊息，再定行止。小人真可畏哉。西太后就此暫憩。一日復一日，竟過了半月餘，萬壽期至，便在開封府受慶祝禮，筵宴數天。慶王奕劻派員代祝，並以密函致李蓮英，叫他即日奉兩宮回京，保他無事。蓮英心才放寬，且思幹些迴天事業，令洋人永遠勿疑。

京使去後，他即密奏太后道：「老佛爺此次回京，對待洋人，用著何術？」西太后道，「我前與榮祿說過，用五餌三表的法兒，款待外人，教他意思轉過來，便可無慮。」蓮英道：「慈衷自有良策，但奴才恰有杞憂。」西太后問為何事?蓮英道：「祖庇拳匪的首禍，莫如端王載漪。他已貶為庶人，永錮新疆，他的兒子尚為大阿哥，能免外人後言麼?」說得動聽。西太后不覺皺眉道：「我為此事已躊躇幾次了。」蓮英復道：「大阿哥現為將來皇帝，他的老子勢不能長留戍所。欲釋回無以對外，不釋回又無以對內。還請老佛爺三思。」一層緊一層。西太后道：「我何惜一童呆，只前已正式立儲，不便將他輕廢哩!」蓮英道：「從前聖祖仁皇帝為了立儲大事，改易至再，後來並沒有什麼異議；況大阿哥品行惡劣，老佛爺亦應有所聞。乘此廢立，一來可想見慈明，二來可敦全友誼，真可謂一舉兩得了。」西太后道：「這個蠢奴，卻是沒福，我的顏面都被他丟掉不少。前與宮女們都調笑起來，虧我防範素嚴，不致鬧成笑話，據你說很是有理，看來只好廢掉他吧。」錮光緒帝，廢大阿哥，統是蓮英暗中作祟，然亦由西太后不明之故。越日即用帝名降諭道：

朕奉皇太后懿旨，已革端郡王載漪。其子溥儁前經降旨立為大阿哥，承繼穆宗毅皇帝為嗣，宣諭中外。概自上年拳匪之變，肇釁列邦，以至廟社震驚，乘輿播遷，推究變端，載漪實為首禍，得罪列祖列宗，既經嚴譴，其子豈宜膺儲位之重？溥儁著撤去大阿哥名號，並即出宮。加恩賞給八分公銜俸，毋庸當差。至承嗣一節，關係甚重，應俟選擇元良，再降懿旨。將此通諭中外知之。

大阿哥溥儁覽到這諭，恰也沒有什麼介意，仍然嬉笑跳躍，頑劣如常。虎父猶生犬子，犬父安得虎兒？唯前此正位青宮，宮監們無不趨奉，一經廢撤，宮中人統視同犬豚，相率奚落了。

十一月初四日，西太后自開封啟鑾。過黃河時天氣適逢晴明，太后率帝致祭河神，焚香行禮。地方官預備龍舟，太后及妃嬪等均乘舟渡河。由此北行，途次遇洋人來觀，一律優待。既抵順德府，已入直隸界，署督袁世凱親來迎駕，即日登途。

京城裡面，派恭親王溥偉等，出赴正定府禮迎。俟兩宮駕到，已預備特別火車，奉兩宮回京，是日為二十四日。由西太后先行傳旨，擇於巳牌開車。皇后妃嬪等於七句鐘到車站，光緒帝於七句半鐘亦到。待西太后到時，光緒帝率領餘人跪接。西太后含笑點首，概令起立。隨即監查諸辦事員，及安排發貨等事。此時行李包裹，堆積如山。所有文武各員，即於車臺上覲見西太后。奉旨小心安排，毋致貽誤。車站總管系比國人，名叫傑多第，亦由西太后召見，溫詞獎諭，並言宮廷行李緊要，須仔細照料為佳。傑多第退後，西太后徐步上車，帝后以下相率隨入。西太后尚憑窗瞭望，直至行李等件一一裝畢，方命開車。宗社可以輕擲，行李務要顧全。純是婦女性質。汽笛一聲，車隨輪動，先貨車，次僕役車，又次為鐵路辦事人車，又次為王公大臣車，又次為皇上特別車，又次為軍機大臣、內務大臣車，又次為西太后特別車，又次為皇后妃嬪等特別車，又次為李總管蓮英車，又次為侍從太監車，最後為傑多第事務車，共計二十一輛，風馳電掣而去。

當時鐵路總理為盛宣懷。相傳辦理此車，所費甚巨：太后、皇上、皇后車中，皆用黃緞圍繞，又各有寶座、睡榻、軍機廳等；各妃嬪車中，統備有厚重簾幕，蔽住外觀。不過西太后已降懿旨，凡有中外人民觀瞻，不必阻止他。因此沿路所經，除遇著風日外，一律開窗，任人瀏覽。后妃人等，又皆貪看景色，無不開窗憑眺。所設簾幕，只夜間應用而已。欽天監賦閒已久，至此費了無數心力，挑選了一個大吉日時，請兩宮於二十八日到京。西太后頗為迷信，通知傑多第，務於吉日良時，到永定門。既到保定，兩宮下車，至保定府署中，宿了一宵。傑多第與西太后約，須次日七點鐘開車，方可不誤時期。翌晨六句鐘，西太后等已到車站。此時嚴霜冱凍，朔風揚塵，兩旁兵隊統執炬導著輿夫，陸續肩到車臺。西太后降輿後，態度很是安適，並不覺有凜冽情形。且檢點輜重，井井有條，仍照前例登車。小事了了，大未必佳。至十一點鐘到豐臺，乃是蘆漢路線與京津路接軌的地方。車務總管乃是英人。傑多第至此交卸，遂至西太后處告辭。西太后慰勞備至，並出雙龍寶星為賜。傑多第稱謝而去。

未幾開車，閱數小時即至北京前門。車站旁已設一極大篷帳，布置很是華美，中有金漆寶座，祭壇用品及各種貴重佳瓷，燦然陳列。京中大員，自慶王奕劻以下，統鵠立守候。另有一特別雅座款待西人。排外之後，繼以媚外，可見中國人心理。遙聞汽管嗚嗚，車聲轆轆，二三十輛的列車，飛行過來。漸近站旁，車中有一窗全啟，露著西太后慈容，各大員皆跪地恭迓，唯西人兀立不動。內務府大臣繼祿，大呼西人脫帽，西人尚傲然自若，嗣見西太后向他微笑，方才脫帽鞠躬。西太后亦起立車中，略略舉手答禮。車既停，李蓮英首先下車，至此不怕洋人了。即往檢點行李。既而光緒帝亦下，跪迓西太后下車。西太后下車後，見各輿已預備停當，便令光緒帝先行。光緒帝起立，匆匆上輿而去。不許他出一言語，總是初心不改。慶王奕劻趨請聖安，王文詔後隨，西太后亦慰勞數語。慶王請西太后登輿。西太后道：「不忙！」左右回顧約數分鐘，總管李蓮英呈上箱籠清單，由西太后細視一遍，復遞與蓮英。只管著這一件。署理直督袁世凱，帶領鐵路洋總管入見，西太后又溫獎有加。洋總管退，西太后始上輿。輿旁有兩太監隨行，指點沿路景物，請西太后注視。忽有一樣人經過，太監大叫道，「老佛爺快看那個洋鬼子。」西太后也不加訓責，只以目示意。過前門，直入內城。城旁有廟，供奉滿洲保護的神祇。西太后下輿入廟，親自拈香，有道士數人讚禮。不脫老婆子面目。禮畢，復出廟登輿，遙見正陽門城樓上面，站著西人甚多，遂表示一種慈柔態度，對西人瞧了數眼，才啟輿入紫禁城，徑回大內去了。皇后妃嬪以及王公大臣，及隨扈兵隊，統行入城。不消細說。

西太后既入宮，自瑜皇貴妃以下，都來請安。西太后道：「難為你們好意。我寓行在時，尚勞你們手製棉衣，飭役帶來，只洋兵入京時，你們曾否受著驚慌？」瑜皇貴妃答道：「叨太后福庇，宮中沒甚驚擾。外來各兵頗守紀律，一人不入宮門，每日仍照例進膳，所以還安穩至今。」西太后道：「這是祖宗的呵護。你們且退，緩緩敘談便了。」瑜皇貴妃等遵諭而退。原來瑜皇貴妃，是穆宗的妃子，曾飭各嬪御製就寒衣，齎送行在，所以西太后略略道謝。西太后既飭退先朝嬪御，忙挈皇后入寧壽宮，瞧視所藏金寶，一些兒沒有失掉，不覺大喜過望。尊為太后，要此何用。小憩片刻，用過茶點，復至儀鑾殿故址，閱視一週。但見頹垣敗壁，猶是依稀可認，中間成了一堆瓦礫場，又不免感嘆多時。回宮晚膳，是夕無話。

先是西太后將到京師，已於途次傳旨，賞奕劻親王雙俸，榮祿、王文韶、劉坤一、張之洞、袁世凱等雙眼花翎及宮銜有差。返京第二日，臨朝召見各大臣，復極力獎勵一番。又越日，追贈珍妃貴妃位號，並以隨扈不及，殉難宮中，宣布中外。一面宣入留京崔總監，令他收拾行裝，即日出宮。崔總管叩首乞恩。西太后道：「我去年臨行時，不過恨著珍妃，說了一句氣話，叫她自尋死路，並不是真要她死。你竟將她推入井中，你心可謂太忍。姑念你承值有年，此外尚無大過，所以命你好好出宮。你不如趁早走出，免令我見你寒心呢。」崔總監知難挽回，只得謝過了恩，即於次日出宮自去。此是西太后籠絡人心，不要認她悔過。

十二月初旬，光緒帝御乾清宮，接見各國公使。西太后亦列坐殿上。凡有問答，仍是由太后應酬。其後又接見公使夫人等，由公使領袖夫人帶領上殿，向西太后作祝辭，無非是歡迎兩宮回鑾，及重敦交誼等語，文詞頗覺遜順。西太后答辭，亦極和藹。又和顏悅色對著各公使夫人道，「上年拳匪鬧事，宮中謠言很盛，我不能不走。但途中很惦念各國公使，及諸位公使夫人。猶幸亂事漸平，彼此無恙。所願各國公使及諸位公使夫人，仍如往昔友誼，互敦和好，我與皇上亦感惠得多了。」各公使夫人均答道：「願如尊意。」覲見畢，大眾告辭。西太后於受覲時，起立離座，各與握手，臨別時，亦親送至殿門，又勤勤懇懇的教她暇時來宮，常可接談。各公使夫人申謝出宮，個個滿意，都說西太后雅度謙沖得未曾有。想亦上她的當了。自此次覲見後，國際情形一如曩昔。西太后乃日與政務處大臣商議新政，並下一剴切的上諭道：

世有萬變不易之常經，無一成不變之治法。窮變通久，見於大易；損益可知，著於論語。蓋不易者三綱五常，昭然如日星之照世；而可變者令甲令乙，不妨如琴瑟之改弦。伊古以來，代有興革，當我朝列祖列宗因時立制，屢有異同，入關以後，已殊瀋陽之時；嘉慶、道光以來，漸變雍正、乾隆之舊。大抵法積則敝，法敝則更，唯歸於強國利民而已。自播遷以還，皇太后宵旰焦勞，朕尤痛自刻責，深念近數十年積弊相仍，因循粉飾，以致釀成大變。現正議和，一切政事，尤須切實整頓，以期漸致富強，懿訓以為取外國之長，乃可去中國之短；鑑前事之失，乃可作後事之師。自丁戊以還，偽辯縱橫，妄分新舊，康逆之禍，殆更甚於紅巾。迄今海外逋逃，尚以貴為富有等票，誘人謀逆，更借保皇、保種之奸謀，為離間宮廷之計，殊不知康逆之講新法，乃亂法，非變法也。恐為維新黨藉口，故意剔清眉目。該逆等乘朕躬不豫，潛謀不軌。朕籲懇皇太后訓政，乃得救朕於瀕危，而鋤奸於一旦。實則剪除叛逆，皇太后何嘗不許更新，損益科條，朕何嘗概行除舊。酌中以御，擇善而從，母子一心，臣民共睹。今者恭承慈命，一意振興，嚴祛新舊之名，渾融中外之跡。中國之弱，在於習氣太深，文法太密，庸俗之吏多，豪傑之士少。文法者，庸人借為藏身之固，而胥吏恃為牟利之符。公私以文牘相往來，而毫無實際；人才以資格相限制，而日見銷磨。誤國家者在一私字，禍天下者在一例字。晚近之學西法者，語言文字，製造器械而已。此西藝之皮毛，非西學之本源也，居上寬，臨下簡，言必信，行必果，服往聖之遺訓，即西人富強之始基。中國不此之務，徒學其一言一語，一能一技，而佐以瞻徇情面，肥利身家之積習，舍其本源而不學，學其皮毛而又不精，天下安得富強耶？口是心非。總之法令不更，痼習不破，欲求振作，須議更張。著軍機大臣、大學士、六部九卿、出使各國大臣、各省督撫，各就現在情弊，參酌中西政治，舉凡朝章、國政、吏治、民生、學校、科學、軍制、財政，當因當革，當興當並，如何而國勢始興，如何而人才始盛，如何而度支始裕，如何而武備始精，各舉所知，各抒所見。通限兩個月內，悉條議以聞，再行上稟慈謨，斟酌盡善，切實施行。特是有治法，尤貴有治人。茍無其法，敝政何從而補救？茍失其人，徒法不能以自行。使不分別人有百短，人有一長，以拘牽文義為守經，以奉行故事為合例，舉宜興宜革之事，皆潛廢於無形；群旅進旅退之員，遂釀成不治之病。欲去此弊，慎始尤在慎終；欲竟其功，實心更宜實力。是又宜改弦更張，以祛積弊，簡任賢能，上下交儆者也，朕與皇太后久蓄於中。物窮則變，轉弱為強，全繫於斯。倘再蹈因循敷衍之故轍，空言塞責，遇事偷安，憲典具在，絕不寬貸。將此通諭知之。

自是準滿漢通婚；命編纂中西律列；定學堂、選舉，鼓勵章程。派張百熙為管學大臣，吳汝綸為大學堂總教習，令王文韶充督辦路礦大臣，瞿鴻璣充會辦大臣，袁世凱充督辦商務大臣，張之洞暨伍廷芳充會辦大臣。各道上諭，聯翩而下。又命奕劻、王文韶與駐京俄使雷薩爾商議，訂交收東三省條約。為這一件事交涉，又惹起一大戰釁來。小子有詩嘆道：

國威蕩盡已無餘，慎爾邦交尚患疏。
怪底腐奴太不諒，謬伸螳斧欲擋車。

畢竟東三省交涉，為何而起，且看下回便知。

前半回詳敘情形，與上文出狩時，大不相同。安即忘危，樂不毖患，是欲其力懲前轍，一除宿弊，不待智者而已知其難矣。在西太后之意，以為外人可以利誘，可以色取，因思極五餌三表之術，為挽回友誼之計。不知西漢之世，朔方只有匈奴，漢室尚稱全盛，賈長沙之五餌三表，言或可行，而當時猶有議其非計者；近則環球列國，犬牙相峙，方百出其謀以伺我，豈五餌三表所得而籠絡之？是本原固已大誤矣。至若維新之詔再下，所行猶是康梁之舊，而諭旨中必欲顧全體面，使國人知此次變法，與前日異趨。吾誰欺？欺人乎？欺己乎？要之西太后之心，不肯認錯而已。唯不肯認錯，乃真成為大錯。

兩全權與俄訂約　二慧女隨母入宮

卻說東三省的交涉，也因拳匪而起。當拳匪四擾時，俄兵入黑龍江境，欲假道省會，直通至哈爾濱，保護滿洲鐵路。黑龍江將軍壽山不許，厲兵秣馬以待。俄人分道攻入，擊斃副都統鳳翔，並將中俄交界的屯駐旗人，統驅入黑龍江中，做了漂流之鬼。那時俄人聲勢越盛，直指黑龍江省城。壽山無計可施，服藥自盡，妻子亦皆殉難。俄人又轉入奉天。將軍增祺那裡還敢阻擋，忙出城去迎俄兵。俄兵算不去難為他，只教他服從命令。俄政府聞關東得手，遂日夕運兵過來，不到幾月竟增至十八萬人。已視同外府了。至北京議和，俄使獨提出東三省，謂與中國有特別關係，須由中俄自行訂約。各國也莫名其妙，聽他提出另議。他遂首倡撤兵，示好清廷。一面脅迫將軍增祺，另訂東三省條約，各系交還，暗實侵占。增祺諮照李鴻章，鴻章與駐京俄使交涉，俄使堅不肯讓，硬要鴻章簽押。鴻章此時已心殫力疲，染了重病，俄使尚日至榻前催促簽字。不料字未簽就，命已催歸，好似一道催命符。因將此議擱起。後來江督劉坤一、鄂督張之洞，聯集東南士紳，力爭此事。日本也糾合英、美兩國，從旁力阻。俄人恐眾怒難犯，一時也未敢強迫。到光緒二十八年方訂了條約四款：(一)勘定疆界，(二)保護人民，(三)整頓防務，(四)興辦鐵路。所有東三省的俄兵，分三期撤退，每期以六個月為限。第一期撤盛京西南段至遼河，第二期撤盛京東北段並吉林全省，第三期撤退黑龍江省。約既定，復將山海關的鐵路交還中國，也由俄使雷薩爾與全權大臣奕劻、王文韶交接。看官試想，這奕劻、王文韶兩人，並不聞是外交能手，遠不若儀、秦，近不逮曾、薛，如何虎狼強俄，竟被他折服呢？他兩人因辦事順手，非常歡悅；就是這位老太后，還道是自己才具，把一片假殷勤，哄得外人心悅誠服，東三省如約撤兵，山海關立時交路，竟沒有意外糾葛，從此可高枕無憂了。只顧目前不顧日後。清廷王大臣又是歌舞承平，頌揚功德，一些兒沒有防備。獨東鄰的扶桑三島，很是注目，暗想俄人何故這般和平，莫非其中陰懷叵測，將來遼東屬俄，於自己大有不利，遂隱隱的練兵籌餉，準備與俄人對壘。自己睡在鼓中，反要外人留意，煞是可愧。後來日俄一役，就從這裡埋根。

小子就時事編次，因清宮尚有遺聞，只好把俄事暫擱，先敘述一段清宮歷史。西太后回鑾以後，宮中少了好幾位心腹：醇王福晉已是早世，端王福晉同戍新疆，榮祿福晉又已病逝，蓮英妹子也去嫁人，只有一位榮壽公主，尚出入禁闥，承值宮中。再回應二十一回。但公主素性秉正，平時力持大局，侃侃直談。西太后雖視若養女，恰也有些顧忌。瑾、珍二妃與公主有姻婭誼，珍妃枉死，公主嘗有後言。就是光緒帝被禁瀛臺，中外喧傳廢立，公主亦曾密白太后，不應廢帝，致遭物議。西太后意遂中沮。公主又力勸宮中撙節，勉濟時艱，凡皇后以下偶或濫費，即予匡正。會西太后制一錦衣，色料俱美，價值亦昂，心中很是欣慰，但密語近侍，不可使公主預聞，不料公主已曾察覺。某日入宮請安，從容向太后道：「臣女於某處見錦衣一襲，材料、顏色可稱絕品，擬購制進御。無如我朝祖制，向崇儉德，聖母上承祖訓，必不喜此華裝豔服，所以作為罷論了。」西太后嘿然不答。待公主退後，語左右道：「我曾與汝等言，勿使彼聞，如何復被她知曉？」左右答稱：「謹遵懿旨，不敢他洩。」西太后勃然道：「如果你等沒有多說，公主寧有此語麼？」言下很是怏怏。所以面子上似愛著公主，意中恰有些芥蒂。

適駐法使臣裕庚歸國，入宮朝見。西太后詢及法國政治，裕庚據實奏陳。西太后又問道：「聞你有兩個女兒，生得甚是聰雋。現你又帶往外洋，想於中外文字，總可通曉。明日可叫她入宮，我恰要賞識一面哩！」裕庚奏道：「奴才原有二女，現在年齡尚稚，恐朝見太后，未嫻禮節，還求慈躬特別寬恕。」西太后道：「我卻不拘定一切禮儀，你若因女兒年輕，叫她媽帶了進來便好。」裕庚才遵旨出宮。

翌晨，裕太太帶著二女，入宮進見。那二女長名德菱，次名龍菱，妙年韶秀，才貌兼全，這次因懿旨特召，越打扮得花團錦族，玉潤珠明。唯秀媚中另具一種英採，與尋常一般宦家閨秀，文俗不同。究竟遊歷外洋，見多識廣，不似那深閨坐守，專從調脂抹粉上著想，自掩豐韻。因此舉止沖雅，自然落落大方。為有才有色的女子特別寫照。既到寧壽宮，即有小太監前來迎迓，請她娘兒三人入門。門左有一耳房，即由小太監匯入，小坐片刻。室中所列桌椅，統是紅木紫檀，上鋪紅緞墊子，映入德菱姊妹眼簾，似乎未能免俗。小太監等先奉香茗，裕太太等略略沾唇，就從衣袋中取出銀票一頁，作為賞賜，小太監等歡顏道謝。旋又來了宮婢四名，執著牛奶、餑餑等物，交與裕太太等，說是奉太后特賜。裕太太挈著兩女，謝過了恩，方敢領受。宮婢又道：「老佛爺就要召見，太太們少待片時便了。」言畢自去。壁上鐘聲，正噹噹的敲了六下，過數分鐘，又有宮監出來，請她三人入內，裕太太等方隨了進去。繞過遊廊，便是七大間深院。院門裡面，立著兩位宮眷，乃是禮王世鐸及慶王奕劻的女兒。裕太太便上前請安，又命兩女道：「這兩位統是郡主，你們須敬謹行禮。」兩姊妹請過雙安，二郡主笑對裕太太道，「好一對粉妝玉琢的女嬌娃。」裕太太正在鳴謙，又有兩位半老佳人移步出來。為首的笑吟吟道：「裕太太帶女入朝，也算是一番佳話了。」裕太太忙趨前數步，跪將下去，兩女亦隨跪一旁。兩人齊聲道著「少禮」，並親手攙扶她母女起來。裕太太又囑咐兩女，指著為首的道：「這位是長公主。」又指著隨後的道：「這位是當今皇后。」兩女竦然起敬。瞧著兩人裝束，大致相似，只皇后服飾較為華麗，頭上戴著一枝金鳳凰。皇后笑容可掬道：「難得你這個老人家，生成一對好女兒，這麼俊，那麼俏，怕不是仙子下凡麼！」那有許多仙子肯下凡塵！裕太太未及答言，忽來了李總管蓮英。他戴著紅頂孔雀翎，穿著一品公服，大著步行入院中，向著裕太太道：「老佛爺要召見了，快隨我到正殿去。」裕太太領著兩女，隨著李總管再向裡面進去。行過一座院落，才至殿門。皇后、公主及二郡主，也一同進來。先入殿中，站立兩旁，俟太后出來。不一刻，那位雍容華貴的老佛爺出了殿，登上寶座。李蓮英即帶她母女入殿，行過三跪九叩禮。西太后宣旨平身，母女謝了恩，才敢起立。不意西太后已離座下來，裕太太也移步上迎。西太后道：「教你兩個女孩兒不要畏縮，我好仔細端詳哩。」說著便走前一步，兩手挽著兩女左顧右盼。好一歇，方笑語裕太太道：「我瞧這兩人模樣都是秀慧，但阿姊尤勝妹子。我此刻正少女侍，這兩個好女兒，不如讓給我吧。」裕太太又跪下道：「聖母厚恩，賜及臣女，便是這二女孩有福了。」此時二女亦思跪下。西太后道：「不必！不必！你兩人肯晨夕侍我，比跪叩好得多了。」又顧裕太太道：「你也不必多禮，你起來。我想母女情誼，不便相離，如叫你二女在宮，你為孃的能無掛念？此後你也好時常進來，一切禮節，概從簡便。況現在宮眷們統叫我作老祖宗，你們也以老祖宗呼我便了。」言至此，光緒帝也踱入殿中。西太后復引裕太太們，覲見光緒帝。裕太太及二女行過了禮。西太后道：「時已不早了，我們臨朝去吧。」李蓮英跪稱輿已備齊，請老佛上輿。西太后點首，挈了光緒帝，步出殿門，皇后以下皆跪送。西太后上輿時，復顧裕太太道：「你們娘兒三人不要出去，我下朝後還要與你們細敘哩！」又語皇后等人道：「你們領她隨便遊玩，不要去拘束她。」大家唯唯奉命。西太后乘輿前行，光緒帝及李蓮英等後隨，統至朝堂去訖。

皇后等起立後，遂邀同裕太太等入坤寧宮，分案列坐。皇后把外洋風俗人情，略加研詰，由裕太太略述一遍。忽有一人問道：「我聞外洋的風俗，與中國大是不同。凡進筵宴，男女雜坐，不避嫌疑，還有什麼跳舞會，並非自己眷屬，乃一男一女，可以對舞，抱腰握手，非常媟褻。這樣俗尚，還說是如何文明，我卻很覺他野蠻呢！」裕太太道：「外國禮教原是不及中國，不過他藝術優長，所以自號文明。」龍蔆恰耐不住道：「這也不可一例論的。他們筵宴的時光，雖是男女同坐，亦屬左右分開。就是跳舞會中，男女對舞，亦不常見。就使有這種情狀，也必有特別關係，並不是一味亂扯呢。從前中國出使大臣，到了歐美，往往鬧成笑柄。一則因禮俗不同，一則因吾國人亦有短處。」說至此，裕太太忙出言截住道：「你小小年紀，住歐洲只兩三年，便嘮嘮叨叨的說個不休。中國禮教，冠絕五洲，就如格格的冰清玉潔，也是服膺聖訓，不屑踰閑的好處。小女孩懂得什麼。」裕太太究竟老成，所以處處顧到。看官！這裕太太所說的話，明明是有意斡旋。因評議西俗的宮眷，乃是慶王奕劻的女兒，排行第四，宮中稱他四格格。格格乃是滿語，即漢文所謂郡主。四格格青年守孀，裕太太素來知道，所以把龍菱的辯議，從中阻住，免致嘔動四格格。龍菱被母親訓斥，弄得啞口無言，把粉頸垂了下去。四格格恰觸起悲情，眼眶中含住了淚，幾乎要墜下來。就是旁坐的榮壽公主，也未免嘆息數聲。當下四座無言。裕太太心中恐又未免自嫌唐突。皇后覺靜寂無味，復向龍菱道：「你說中國使臣前時多鬧成笑柄，何不講幾件故事，一消岑寂呢！」龍菱聞著，仍然紅漲了臉不發一語。到底不脫兒女常態。裕太太道：「你前時橫生議論，現在皇后要你講談，你為何變作反舌無聲？」皇后嫣然一笑，大家倒也陪笑起來。德菱忙從旁介面道：「種種傳聞，也不知是真是假，不過外人作為笑談。今承皇后下問，願據所聞上陳。」措詞甚婉，乃妹固不逮多矣。皇后道：「你快講來！」德菱道：「從前有一位駐美公使，避暑至法。適法國某公爵夫人開筵邀客，駐法欽使為他介紹入席。第一盤是湯，乃是西餐中常例。湯畢，廚役捧了一大盤魚出來敬客，香味撲鼻。主人先演說這魚出處如何難得，廚司烹調如何可口，座客鹹思下嘗。僕人指導廚役捧魚先敬駐美公使，以魚首近手側，令他取魚。他還沒有覺得，喉中適有痰壅，咳嗽一聲，回首欲吐於地，孰意不偏不倚正落在魚盤中。

頓時腳忙手亂，欲去掬痰。那廚役大聲呼叱，竟捧盤而返。」說至此，大家都評論起來，說這個公使也太覺冒失了。德菱又道，「他亦自覺莽撞，逃席竟去，連駐法欽使也很是懷慚哩！」皇后道：「此外有無新聞？」德菱道：「還有一個駐法公使，初蒞法國，包定火車頭等廂房一間。到夜半時，公使忽患腹瀉，不及登廁，弄得淋漓滿褲。公使一時性急，竟用指甲剔去糞跡，隨處亂彈，滿房統是糞點。會參贊醒來，公使以告，參贊知西人好潔，忙自解下衣，令公使易去穢褲，擲出車外。又取他物，將各處糞點揩淨，方免痕跡。兩人忙亂了一宵，虧得包定一間廂房，不使外人聞知，否則外人要加呵逐了。」榮壽公主道：「中國人不愛潔淨，恰是極大壞處。」德菱道：「齷齪還是小事，外人還譏誚中國欽使要作盜賊呢！」榮壽公主道：「是否崔國胭故事。」德菱道：「他的家眷曾竊西國酒館的手巾，被西人搜出，登報糟蹋，崔因此被譴。這是中外共聞的。他在英國時，他的夫人還為他全館上下諸人洗衣，索取洗資。正是要錢的了不得。一日，使館門前懸著幾條白色長帶，隨風飄颺。英人還道使館中有什麼喪事，譴人來問。使館中人答言沒有。來人指門外白帶道：『何故懸此？』使館中人方才覺得，忙將白帶收入，只是不好實告，支吾對付便了。」皇后道：「白帶何用？」我亦要問。德菱忍不住要笑，勉強熬著道：「乃是他館中婦女裹腳帶。」一語甫畢，全座都鬨堂起來，確是好笑。德菱復道：「即如跳舞會事，也鬧過一場笑語。李欽差伯爺出使日本，有隨員查益甫，素來放蕩不羈。一日某處開跳舞會，查亦與座。見一西人送茶與西婦，他也貿然送給一盤。西婦與查素不相識，因見是中國官員，勉強接受。不意西婦伸手來接，查又縮手不與，西婦大笑而去。及跳舞時，查一人獨自亂跳，西人相率捧腹，他還自鳴得意呢？還有橫濱領事黎某，與學生監督林某，隨著駐日欽使，同赴日皇宴會。他兩人怕食西餐，只把水果吃了數枚。水果中柿子最多，兩人信手亂剝，弄得狼藉不堪，惹人厭恨。宴畢逛園，因坐椅不多，唯婦女得有座位。有一婦方起身接物，二人即乘她後面，拖椅自坐。婦未及知，背身返座，竟致傾跌，險些兒鬧出事來。」大家聽到此語，又鬨堂一笑。皇后道：「你父親曾出使日本，所以東洋笑話，也聽著幾條。」補敘裕庚使日本事。德菱應聲稱「是」。榮壽公主道：「使才原不易得，中國又是最近遣使。數年前盈廷王大臣，還目使臣為漢奸，大家都不思出去，怪不得有此笑柄。」德菱道：「如曾、薛二公恰是中外傾慕的。」榮壽公主道：「那是絕無僅有的了。就是你父親使日、使法，也好算不辱君命呢！」德菱正待答言，忽有宮監入報，老佛爺退朝回宮了。皇后等陸續起身，均往寧壽宮請安。

適值西太后駕到，大家行過了禮，西太后便問裕太太道：「你們曾否閒逛？」裕太太答云「未曾。」西太后道：「差不多有三四小時，你們同在那裡？」皇后代奏道：「在坤寧宮閒談。」西太后道：「好！好！你們也好腹饑了。」隨命李蓮英道：「快飭宮監去取茶點來。」須臾，由宮監進呈御點，西太后分賜諸人，大家飽啖一頓，又各喝過了茶。西太后隨問二女道，「你們通幾國語言？」德菱道：「略諳幾句法文及幾句英語。」西太后道：「極好了！條約中多用法文，應酬中多用英語。既通這兩國語言文字，可在我處充個翻譯。明天我就叫你當這個差使哩！」德菱道：「老祖宗恩典，賞婢子這個差使，那有不思報效之理。但婢子年幼無知，倘一時辦錯，反致辜負慈恩，懇請老祖宗收回成命。」西太后道：「你不必過謙，我自有定奪。今朝還沒有委你這差，你且侍我吃過午膳，我同你娘兒三人，往頤和園聽戲去。」德菱不敢再言，唯跪下謝賞聽戲恩，裕太太率著龍菱也一同跪著。西太后喜道：「起來！起來！你們總要行這禮節，我也覺得厭煩呢。」又命李蓮英道：「你去取三個白玉戒指，賜她母女三人。」蓮英入內檢出，呈與西太后，由西太后親手賞給。裕太太復又謝了恩。又過一小時許，宮監進呈午膳。西太后端然上座，命裕太太母女伴食。清宮舊例：侍食太后前，只好立著，不能就座。裕太太懂這規矩，謝恩後，就率二女站著吃飯。

飯畢，西太后飲過香茗，吸過香菸，即命李蓮英道：「我們往頤和園聽戲去。」正是：

幾經世變忘前轍，猶是承平譜樂聲。

欲知以後情事，容待下回分解。

中國外文之棘手，莫若清季。雖有儀、秦之辯，隨、陸之才，而無國力為之後盾，徒借三寸不爛之舌，欲折衝於樽俎間，蓋亦難矣。況國際之大勢未諳，專對之口才又絀，顧欲辦理如意，無逆吾命，試思外人何愛於我，乃肯就我範圍乎？言甘者心必苦，棘手可慮，順手愈可慮。顧朝野上下，狃於目前，不復振作，西太后亦安樂如故，徒欲得內外舌人，為聯繫交誼之計。外交之道，寧在於此？本回覆借德菱口中，敘及使臣笑談，言有由來，事原確鑿，不必果為德菱言，亦何妨借作德菱言。觀此已可知當時外交之大概，不必深究利弊也。

中戲迷詳究聲歌　講新學兼陳政法

卻說西太后命赴頤和園，裕太太母女三人，原是遵旨隨去，就是皇后以下諸宮眷，也一律隨行。大小轎子，依次出城，一路行去，約歷三小時，才到園門。西太后乘輿徑入，皇后以下，統在門首降輿，魚貫而進。園內承值的人，左右分站，肅靜無嘩。大家直入樂善堂，見西太后止在降輿，由眾人簇擁進去，皇后等隨步而入。俟西太后入座，請安行禮，各遵常例。嗣復由西太后賜給茶點，彼此飽德。西太后便道：「我們去聽戲吧。」李蓮英請太后出乘露輿。西太后道：「今日天色晴朗，頤樂殿又是很近，不妨步行。」於是西太后在前，大眾在後，從殿右越將過去，不過數十步，就至德和門，應上文第十九回。耳邊已聽得鼓樂悠揚，笙簧雜遝。

一入了門，便見劇場在望，三層舞台，翼然高聳。其下層是演戲處，中一層是布景處，最上一層是扮戲處。臺上正在開幕，西太后入殿就座。伶人亦上殿碰頭，跪請點戲。西太后問道：「今日譚老闆來未？」伶人答道：「老闆過歇就到。」西太后道：「極好，想來演壓臺戲了。」伶人道：「今日聞老佛爺駕到，所以譚老闆擬來供奉。」西太后道：「難為他。此外尚有何等腳色？」伶人道：「現如楊小樓、王楞仙、龔雲甫、王瑤卿、陳德林、田桂鳳、金秀山、德珺如、王長林、郎德山等，統已到齊。」西太后道：「名伶畢集，定有可觀。你去傳我命令，叫各人自演拿手戲，不必由我特選。待譚老闆來，我與他自行問話。」伶人叩首而去，西太后顧德菱姊妹道：「你兩人未曾到此聽戲，今日初次到來，即遇譚老闆登臺，也可謂有眼福了。」德菱姊妹同聲道：「謝老佛爺慈恩。」西太后復語道：「你兩人不妨旁坐。」兩人口稱不敢。西太后道：「我叫你們旁坐，就坐不妨。」兩人口稱謝恩，仍然站著。西太后向後一顧，見皇后以下，統站在後面，便道：「你們統就座吧，讓她姐妹亦可坐得。」大眾統遵旨謝恩，一律坐下。只德菱姊妹，未識譚伶如何名角，連太后都叫他老闆，私自問他母親。裕太太道：「便是譚叫天。」德菱姊妹仍是莫名其妙，不意已被西太后聞知，便顧德菱姊妹道：「他姓譚名鑫培，湖北人，是近日伶界中巨擘，都人稱他為伶界大王呢？」名士不若名伶，又為清季一嘆！德菱姊妹均應了一個「是」字。於是大眾斂氣屏息，統注意戲臺歌舞。先演了楊小樓的長坂坡，次演了德珺如的岳家莊，又次演了龔雲甫的釣金龜。

三出戲已將下場，譚老闆尚未見到。西太后道：「譚老闆的身價也太重了，天已薄暮，為什麼他尚未來？」正說著，見有一戲子下臺進來，年約五十許，面色黃瘦，皺紋很多，只頦下尚不留須，登了殿向西太后跪叩。西太后大喜道：「你來了。我望眼將穿呢！」那人跪稟道：「午後才知老佛爺駕臨，所以到此較遲。」西太后笑道：「你無非具著煙霞癖，一時還沒有過癮罷！我也曉得你的脾氣。你快起來，上臺去演出盜魂鈴，叫郎德山做你配角，扮演小豬。」說至此，旁指德菱姊妹道：「這兩個大姑娘，從外洋遊歷歸來，還沒有看過你的演戲。像你這等名角，演了一齣好戲，俾她賞識，也不算是辱沒你。」那人唯唯趨出。看官不必細問，便可知是譚老闆叫天。有頃，龔雲甫下臺，譚叫天扮著豬八戒，郎德山扮小豬，粉面登場。做工之妙，不消細說，中唱梆子腔一段，一字一唱，一唱一轉，一轉一音，詞調激越，聲韻蒼涼。西太后非常稱賞，按著戲中的板眼，用手拍案，作為過板。描摹逼真。等到老譚唱畢，方定了神，旁語德菱姊妹道：「戲中情節你可懂得麼？」德菱答稱：「懂得。」西太后道：「你雖知戲中情節，未必知戲中腔調。這戲內有二段梆子腔，不但唱著的戲子，要提足喉音，字字著實，就是拉弦、敲板的人，也須講究五聲六律，方能得心應手，按腔合拍。即如老譚上臺，配角原是不肯苟且。就是臺後的弦師鼓板，聞他也一一挑選過。他前時曾對我說明，拉弦的叫做梅大鎖，打板的叫做李五，必要他兩人幫助，老譚才能唱好這梆子腔呢。」你是主持國事的太后，為何不研究政治，卻研究戲調。隨又語李蓮英道：「郎伶扮做小豬，為何他不作豬聲，恰作羊聲呢？」可見她處處留意。蓮英一時不能回答，尋忽大悟道：「老佛爺，他是信奉回教的。」西太后笑著道：「怪他不得。」

又過數分鐘，天色昏黑，戲亦閉幕。西太后挈著眾人，暫入休憩室，並宣召譚、郎兩伶進見。等到譚、郎兩人進來，太監等已呈上果點。西太后問太監道：「尚有麼？」太監答一「有」字。西太后道：「你都去取了出來。今日演戲的伶人，多肯出力，我要一例賜食呢！」太監去訖。此時譚、郎二伶一同跪著。西太后道：「你們起來。所有演戲諸名伶，由你們去召他進來。」兩人奉命出去。不一刻，各伶人依次進見，黑壓壓的跪在一地，陸續碰頭訖。太監數人，搬進餑餑等物羅列桌上。西太后囑李蓮英道：「你去散給各伶，每人給餑餑五枚，叫他們就此食下。」蓮英應旨分訖。各伶相率跪食，只郎德山受了餑餑，並不入口。西太后問道：「你何故不食？」郎德山答道：「腹痛忌葷。」西太后憬然道：「我又失記了，餑餑內大約裹著豬肉。」隨語太監道：「下次去囑庖廚，餑餑內可夾裹羊肉，免得他們忌口哩。」各伶食罷，謝恩去訖。

西太后道：「我們要食晚膳了，果點可一律撤去。」語畢，便攜著德菱手，並肩行走，返入樂壽堂。這是太后非常寵愛，特別賜恩。德菱亦特別起敬。返室後，西太后又語德菱道：「我生平最愛看戲。古今來成敗得失，及人世間悲歡離合，均可借戲中傳出，很容易感動人情。只演戲的優伶，必須聲容、臺步，般般周到，色色完全，方可醒目。從前伶園名角，要推程長庚。程善唱老生，實則各項腳色，無不擅長。他做三慶部班長時，與善演青衫的喜祿偶有口角，次日排青衫戲，喜祿故意託病不肯登臺，程遂自扮青衫登場演唱，不亞喜祿，由是聲名益噪。今則長庚已逝，大名要算譚叫天。他的做工能獨得神似，扮什麼便似什麼，所以喜怒哀樂無不中節。他的唱工能把牙音、齒音、喉音，一一清晰，又能將平、上、去、入四聲，字字咬清，妙在純任自然，絕不牽強。昂首一鳴，聲入雲際，嚳喉一控，萬斛潮來，可高可低，可抑可揚，可狹可廣，可急可緩，這正所謂神乎其技呢！」譚叫天固擅絕技，西太后亦算知音，但與國家政治毫無干涉，為之奈何？德菱只連聲稱「是」。未幾晚膳，由西太后命她侍食，如午膳例。

膳畢，西太后語德菱道：「今日已是黃昏，不及入城。你母女三人，可在園中寓宿。明日你返了家，檢點幾套衣服，攜帶入園，便好來做宮眷。你媽、你妹也一同來此，免你冷靜，此外如被鋪等物，以及一切妝具，這裡都有，不消另備了。」德菱母女免不得照例謝恩。西太后復起立道：「這殿左首有三間靜室，頗覺清雅，你母女三人住此最好。來，來，我引你們先去一瞧吧。」此時電燈四映，光同白晝，西太后帶著她娘兒們，越過左廂，繞出重廊，即見有三間精舍，窗戶都砌著玻璃，玲瓏剔透，巧奪天工。既入門，由西太后領視一週。床鋪、桌椅，均已陳設整齊，四壁懸著書畫，多是西太后御筆。西太后指示德菱道：「這等統是我暇時親筆，你道如何？」德菱道：「老祖宗聰明天授，所以擅此神筆。」西太后道：「生而知之的聖人世上是罕有的，我也是學出來呢！我少時頗喜翰墨，入宮後所藏的書畫帖，很是不少，我便閒中消遣，挑選著筆氣相像的，日夕摹仿，漸漸的也能書畫。似你秀外慧中，若能留心學著，也容易成功哩！」德菱道：「全仗老祖宗教訓。」西太后道：「師友也是要緊的。數年前，我歸政皇上，整日在園，沒有什麼事情，我想與宮眷們講談書畫。無如她們統不諳此道，彷佛對牛彈琴。我想中國很大，總有幾個能書畫的婦女。我便降旨令各省訪求，可巧四川有個官眷繆氏，工繪能書，由川吏驛送來京。召見時當面試著，她繪的花鳥很是精工，楷法雖遜，恰亦楚楚可觀。只她已是個嫠婦，年亦將近五十。其夫仕蜀，死後宦囊蕭澀，我憐她才婦薄命，畀她月俸二百金，免她跪拜。她與我平時談話，頗得畫中三昧，我恰得益不少。嗣聞她兒子已領鄉薦，我復叫她捐個內閣中書。可惜她身弱多病，不便久住此間；我又因康梁構逆，再出聽政，無心及此，便令她回籍去了。現在她的存沒我亦未令查聞，只她的筆墨到留著不少，有時還與我作代筆呢？」西太后是好勝的人，要繆氏作代筆，諒必技出己右。裕太太插嘴道：「是否即繆太太？」西太后道：「是她。你是否會見過的？」裕太太道：「未曾會過，只她的手跡恰看見過的，她款中曾署著素筠二字。」西太后點首。藉此敘入繆素筠事，亦是一篇掌故。隨又問道：「這房間好住不好住？」裕太太等齊聲稱好。西太后復引她出來，又至樂善堂，並另飭宮女道：「那殿左三間的房屋，已令裕太太母女居住。房內尚缺妝具等物，應與她趕緊備齊。」宮女應聲出去。西太后入寢室，裕太太等隨了進去，又談了數語，已是十句鐘，西太后道：「你們也好乏了，去睡吧！」裕太太等遵旨，請了晚安。當有宮女導著，出了寢宮，行往臥處，卸裝就寢。一宵無話。

次日起身，至樂壽堂請過早安，便叩頭告別。西太后吩咐道：「你們趕快進來，早則兩日，遲則三日，免我掛念。」裕太太等應著。西太后道：「你們曾吃過早點麼？」裕太太答稱尚未。西太后道，「既如此，你們在這裡吃過早餐。此後進園，要什麼吃，盡可著宮監侍女到御廚中去攜取。倘若她們遲誤，告訴我知道好了。」裕太太連聲「遵旨」。未幾，侍著西太后早膳。膳罷，又歇了片刻，方起身告辭。西太后道：「不要忙，這裡有蘇杭貢緞，賞你們幾匹，好帶回去做點衣服。」裕太太等跪下道：「慈恩高厚，如何圖報？只得永遠感恩，長鐫心版。」西太后不待說完，便道：「我愛著你兩個女孩子，賞她幾件衣料，也不算什麼厚恩。」便召進李蓮英，命他取出貢緞六匹，由西太后親自驗過，隨叫宮監三人捧著，送裕太太母女出園。裕太太等碰過了頭，就別了西太后，並至皇后及各宮眷處辭了行。皇后等俱有例賞，均著宮監攜送出門。到了園門外，三乘大轎已經候著，各宮監們均將賜物交代。裕太太因賜物不便輕褻，覆命輿夫另添一乘大轎，把賜物裝在轎中。一面復取出銀票數頁，分給宮監。宮監們都道了謝，候三人上輿，歡天喜地的回去了。總教銀子回話。裕太太令裝載賜物的轎子當先抬行，娘兒三人的轎子隨後，取道回家。

由裕庚接著，裕太太等下了輿。先將賜物取出，交與裕庚，裕庚恭恭敬敬的捧入大廳，供在當中，自己也行三叩首禮，隨取了銀票，賞給輿夫。這輿夫本系園役，不能照外人開發，自然給資從優，輿夫亦歡謝去訖。看官，你道裕太太母女們這次召見，及入園一宿，吃著、坐著、臥著，都蒙西太后特賜，她還花費了千百兩銀子。怪不得疆吏入覲，部中有費，殿中有費，宮中有費，園中有費，還有一班親貴又要去孝敬他，一擲數萬，才得出京。他們做官的人，那裡來許多家資，自然去刻剝百姓，一半入宦橐，一半作消費。所以到了清季，合京內外無數官員，沒有一個清廉，都是棺材裡伸手，死要金錢哩。慨乎言之。

閒文少表。且說裕庚資遣輿夫，入內與妻女敘談。裕太太便把面承的懿旨，述了一遍。裕庚道：「老佛爺既愛憐兩個女兒，你便帶她過去。且懿旨也不好有違的。」裕太太道：「老祖宗只限期兩日。家中內務頗繁，我又不能不去，這便怎處？」裕庚道：「不妨事的。我出使回來，一時總沒有要差，在家時多，一切僕婢人等，我也會指揮的。」裕太太方才無言。休息一宵，次日即將應著的衣服，及應用的物品，檢出數件，貯好箱籠，忙碌了一整日，才得收拾妥當。

次日，娘兒三人，帶著箱籠等件，又乘輿入園，叩見西太后。適值西太后親覽奏摺，便問德菱道：「你來得正好，你中國文字想亦知道的？」德菱應聲稱「是」。西太后挽著德菱手，叫她站在左側，把各奏摺取與她瞧。德菱瞧著，多是關係學務的奏章。西太后復問道：「外洋的學術究竟如何？」德菱是經過遊歷的人，識見頗是明達，想趁這機會，勸西太后力行新政，此女見識，頗高出滿人。隨即答道：「近來外國文明，全仗這學術哩。」西太后道：「有什麼學術比中國見長？」德菱道：「農有農學，工有工學，商有商學，兵有兵學，此外如聲學、光學、化學、電學，以及一切機械學、物質學、生理學、天文地輿學，無一不備，無一不精，就是法律學、政治學，也是日有發明。所以有此富強呢！」西太后道：「近日京內外各奏摺，都說要注重新學，資遣學生出洋。據你說來，這事也是要緊麼？」德菱道：「取他人的長處，補中國的短處，也是自強的基礎。請老祖宗降旨施行。」西太后便提起筆來，就小籤中，寫了一行，繫命各省挑選學生，派往西洋各國，講求專門學業。寫畢，又語德菱道：「你也是個滿族女子，有此開通，總算難得。我記得數年前，大學士倭仁力崇理學，把西學批得一錢不值。目今看來，實太不通時務。我們皇族中人，今日還是迂拘的多，明通的少。我也想令親貴子弟出洋留學，增點知識呢！」德菱道：「老祖宗這麼想著，確是皇族中的幸福了。」西太后又道：「庠序學校的制度，中國古時本是有的，想與歐美各學堂大致相似。後世始尚科舉，傳至明朝，復用八股取士，看來八股實是無用，我已降旨廢去，改試策論。唯科舉積習，一時難返，只好慢慢兒革除吧。」說畢，便把寫好的諭旨，交李蓮英遞將出去，令軍機如旨頒發。尋復語德菱道：「你說西國有法律學，究屬如何？」德菱道：「西國法律不止一端。即如刑律一門，比中國寬仁不少。他們最重刑律，莫如槍斃。此外如羈禁的犯人，也好好兒待他，不過罰他工役，所得薪資，公私兼濟，恰是情法兩盡呢！」西太后道：「現在王大臣章奏，也是這般說，要我參用西律，改定刑章。我想凌遲、梟首等刑，確是殘酷。我朝入關，不過仿用明制，相沿未改，其實也非列祖列宗的本心。我已決計停廢，此後用刑，以斬決為止，也算是寬仁的了。」德菱又道：「外人不用刑訊。凡有審鞫等件，總教蒐集證據，證據完全，便好判決。中國官吏，往往不問曲直，妄用刑具，三木之下，何求不得？老祖宗很是仁慈，還懇停止刑訊，嘉惠民生，這也是浩蕩的皇恩。」可見女子不可無學，滿人中有德菱，可稱翹楚。西太后略略點首，隨問裕太太道：「你們有無對象帶來？」裕太太道：「有箱籠幾件。」西太后道：「交過宮監沒有？」裕太太道：「已交過了。」西太后道：「你們前日來園，只聽了一會子戲，園中景色想沒有逛過，我教宮眷們引去一逛如何？」裕太太道：「正要去謁見皇后及公主、郡主等。」西太后道：「不必！我著人去召她來。」言下便有宮女應命。不一時皇后以下統冉冉進來，與裕太太母女們見過了禮。她們正擬奉旨逛園，不料李蓮英回來奏報，說是江督劉坤一出缺了。西太后不禁悵悵道：「這也可惜。」江督劉坤一有功人民，故載其逝世。小子有詩詠劉公道：

帝座傾危仗力爭，東南保障又成城。
晚清疆吏多庸鄙，肝膽如公算竭誠。

未知劉坤一得邀賜恤否，且待下回續敘。

嗜戲亦常人恆情，唯西太后不宜嗜戲。西太后身握大權，日理萬機且不暇，安得日夕聽戲，置國政於不問耶？況以嗜戲故，寵遇名伶，受覲賜食，視名伶不啻王公。昔人謂羞與噲伍，屠狗英雄，名公卿猶恥與列，況伶人乎？至講論政學一段，看似西太后究心新法，實則為德菱增一身分。著書人惡頑固，喜明通，故前於端、剛輩多恨詞，而此於德菱女士多褒詞，且藉口發議，無一語無來歷，不得僅僅以小說目之。

勃夫人入覲開盛宴　榮中堂棄世上遺言

卻說西太后正惋惜江督，軍機大臣亦即進見，呈上江督劉坤一遺折。西太后瞧畢，便道：「劉坤一平粵有功，其後歷任疆圻，亦無大過，拳亂時保護東南，近年更參議國際交涉，好算一個社稷臣。你們去從優議恤，並一切封贈予謚的典禮，擬定進呈，候我酌奪。」軍機大臣遵旨退出。西太后又自嘆道：「老成凋謝，也關係國家命脈。江督一缺，任大責重，看來只好調張之洞去。」言畢，見裕太太等尚站立一旁，便道：「你們何不去逛園？」又命兩郡主道：「你引她去逛一會子。」裕太太及郡主等各遵旨去訖。過一小時，軍機即擬定諭旨，呈入慈覽。擬追封劉坤一為一等男，晉封太傅。謚法擬定數條，由西太后圈出「忠誠」二字，遺缺由張之洞調署。隨即發出。轉瞬間日已晌午，裕太太等回來。西太后問德菱道：「園中景色可好麼？」德菱答稱

「很好」。西太后道：「現在將交冬季，草木已是凋零，比春夏時已減色了。現在將要午膳，你們回房休息。開飯時當由宮女送來，不要作客，隨便好吃的。」裕太太等謝恩趨出。

是日傍晚，又由太后宣召德菱。德菱聞命即往。西太后道：「明日俄使夫人要來覲見，令你充個譯員。」德菱道：「婢子不善俄語。」西太后道：「怎麼好？」德菱道：「俄人多會講法語，想俄使夫人應亦如此。」西太后笑道：「這叫做想當然呢，你明日便陪著她。」德菱道：「需要更衣。」西太后便接著道：「要換什麼衣服？我與她們見過幾次，並沒有更衣。」德菱道：「老祖宗自然不用更換。若婢子去充招待，換了西服，似特別親近一點。」此語應合西太后意，德菱亦善於措詞。西太后道：「你西服有帶來嗎？我是不喜歡西服的。」德菱道：「願遵老祖宗囑咐。」西太后道：「我不過這麼說。你有西服帶來，盡可穿著，令她曉得我們宮內也有完全的譯員。」總是愛顧體面。德菱口稱遵旨。西太后又道：「我聽得西洋各國，服飾華美要演算法蘭西。你寓法國有兩三年，曾見有希世奇珍麼？」德菱道：「外人最重金剛鑽，所有時裝服色多用著金剛鑽呢！」西太后道：「金剛鑽雖是貴品，不過光芒四閃，它無足奇。中國最好的瑪瑙寶石，也差不多的寶光。最難得的，是大而且圓的珍珠呢！」說著，攜德菱手入寢宮。寢宮裡面有珠寶室，四面陳著檀木方櫥。西太后引德菱入內，取出一鑰，令德菱開櫥。德菱接匙去開，覷定鎖心，開了半晌，不見動移。西太后道：「這個聰明的女孩兒，也被我難倒了。故令她開鎖，以試之。這鎖中藏著機械，鑰匙套入後，須隨鎖心左轉五次，便可開鎖。多、少都是沒效。」德菱依言，鎖即脫下。開了櫥門，見裡面都排著錦盒，外標黃簽。西太后檢出一繡緞包裹裝潢最麗的盒子，啟了蓋，指示德菱道：「這種珍珠恐怕外人也沒有哩！」德菱瞧著，但見寶光透射，朗若明星，有大有小，有粗有細，沒一顆不是精圓。有幾粒最大的，差不多如龍眼相似，不禁稱羨道：「這真是無上奇珍！」西太后道：「還有一粒好的，我取來你看。」說著，便另從妝臺屜中，取出一個金鑲玉嵌的小盒，揭去盒蓋，內貯一粒大明珠，足足如雞子形。便道：「我入宮已數十年，只有這粒寶珠，乃是列代留傳，遺與我的。我想配一成對，竟沒處可採，這正是獨一無二呢。」寶非所寶。德菱道：「照這樣珍珠，是古今中外罕見的奇寶。老祖宗洪福齊天，所以得此異品哩！」西太后聞著，很是歡喜。無非喜諛。隨在錦盒內取出兩粒似豆的明珠，賜與德菱。德菱跪謝訖，西太后命她起來，將錦盒仍藏櫥內，且令德菱扃了櫥門。德菱掩門上鎖，將鑰匙右轉五週，已經鎖就。西太后讚她道：「古人云聞一知二，與你說了左轉，你便曉得右轉。豈不是聞一知二麼！」德菱又謝了獎，隨西太后出來。西太后道：「你在此做著宮眷，有事時你須站著，沒事時不妨少憩。現我已沒別話了，你且退去休息吧！」德菱方退出。晚間挈了妹子，同去值班，至十下鐘回房。

次日早起，梳洗畢，姊妹又同入寢宮。西太后正在起床，德菱忙上前服侍。西太后道：「你們起得頗早。夜間睡得安否？」德菱回奏「甚安」。俟西太后盥洗梳櫛，一一就緒，才侍著太后早點。太后食罷，光緒帝及皇后也入內請安。西太后便把食餘分給帝、后，又賜與德菱姊妹，每人各數枚。西太后復語德菱姊妹道：「你們兩人去換了西裝，我在此等著。再過二小時，俄使勃蘭康夫人要來入覲哩！」德菱姊妹應著，即趨至自己寢室，卸去旗裝，改服西衣，並將髻子亦改梳西式。自頂至踵，統行換著，帶了一頂淺色外國帽，上面飾著翠羽，穿了一件淡紅外國長衣，外絨裡綢，繫著一條外國花絨的長裙，上緊下寬，腳下著了皮腳，仿著西婦行法。兩姊妹並肩趨入，西太后望著道：「兩個洋鬼婆來了，看她怎麼行禮？」這語已被德菱聽著，將至樂壽堂，巧遇著榮壽公主，便向公主三鞠躬，請公主奏聞太后：「身服西裝，應行何禮？」公主入內奏明。西太后道：「我曉得她為難了，免禮吧。」德菱姊妹便站立階下，靜待西太后出來。西太后瞧透她的意思，便出了樂壽堂，上了露輿。光緒帝在輿右隨行，德菱姊妹俟露輿過後，隨在後邊，一直到仁壽殿。

西太后下輿，入殿升座，光緒帝坐在左側，德菱、龍菱分站西太后兩旁。西太后語德菱姊妹道：「你去迎俄使夫人入殿吧。」兩人趨出，少頃，即導俄使夫人登殿。俄使夫人行了三鞠躬禮，西太后起立，上前與俄使夫人握手。俄使夫人申祝辭，西太后致謝辭，俱由德菱輾轉譯出。好在俄使夫人很諳法語，兩下里不嫌隔膜，彼此滿意。這叫做無巧不成話。俄使夫人見左側坐著光緒帝，也與他行禮。光緒帝忙起與握手，並問俄皇安好。德菱亦與代譯。禮畢，西太后便引俄使夫人進樂壽堂，彼此統是走著。入堂後，令俄使夫人就座，並以自己常食的乳酪，賜夫人飲。隨談及中國牛乳與外國牛乳的異同，俄使夫人隨答數語。西太后復把俄國風俗略加垂詢，亦由俄使夫人粗陳大概。隨後說到兩國交誼，願長此和好過去，彼此往來，不啻一家。俄使夫人亦深表贊同。西太后喜甚，便語德菱道：「你導勃夫人去會晤皇后，以後夫人進來，也好隨時敘談。」德菱遂引俄使夫人至宜藝館，見了皇后。坐談了兩刻鐘，俄使夫人告辭出館。適遇宮監趨至，傳著懿旨，命德菱陪夫人入餐室，留客午餐。德菱即用西語轉述，俄使夫人恰也不辭。至餐室門，已由榮壽公主帶著宮眷數人，肅客入室，龍菱亦在其列，兩下分賓主列坐。只德菱姊妹能與俄使夫人直接談話，此外有所問答，均須兩姊妹翻譯。西國語言文字，所以不可不學。因此榮壽公主以下不過寒喧數語，以後只聽她三人講談，有說有笑，咕嚕了好多時，不知說些什麼。彷彿是鴨聽天雷。此時席間已列著茶點，當由榮壽公主周旋一番。未幾進膳，仿著西餐式子，每人各有專餚。俄使夫人坐了客席，榮壽公主坐了主席。賓主言語不通，殊乏意趣，何不改命德菱。想是主人不可亂代的。歡宴既竟，俄使夫人吸完一枝雪茄煙，便與德菱說及，要面謝太后。德菱又引入樂壽堂，向西太后道謝。西太后已備好翡翠玉一方，囑德菱至寢宮取出，贈與俄使夫人。俄使夫人領謝訖，即辭別去了。德菱姊妹及榮壽公主等，俱送至外面甬道旁。至俄使夫人上了輿，方返樂壽堂覆命。

西太后問德菱道：「俄使夫人曾說我否？」德菱逭：「她說老祖宗甚慈祥！」西太后道：「怕不是麼？」自己有心病。德菱道：「似老祖宗這般和藹，自然人人欽敬。」

西太后道：「恐她還記念拳亂的事情。」德菱道：「她毫不提起。」西太后道：「為了拳亂這樁事，外交上很是為難。外人統疑是我縱庇的，其實都是載漪、剛毅等鬧出禍來。我也一時沒了主意，致受外人唾罵。若要恢復名譽，總非自強不可。」德菱道：「老祖宗實心圖治，總有自強的一日。」西太后道：「英皇維多利亞算是福壽兼全的女皇。目今她已去世，西人還歌頌不絕。我從前的歷史，自謂不弱於她，不料三次垂簾，鬧出這種亂事。這也是當今皇上害我，若他能任賢去邪，撥亂反正，我好安享承平，完名全節，怕不及一維多利亞麼？」肚痛埋怨竈司，卻是怒己責人。德菱從旁勸慰了一番。

過了數日，西太后親謁東西陵，叫德菱姊妹亦隨了她去。回鑾時，至南苑駐蹕數日。南苑在京師南，系元時南海子故址，一名飛放泊。乾隆時孝聖皇太后，道光時孝和皇太后，皆嘗一幸南苑。西太后思繩祖武，所以到南苑時也停留數天。南苑有晾鷹臺，從前皇帝謁陵回蹕，必於南苑觀獵，御臺校閱。道光後已廢此典。西太后登臺瀏覽，慨然道：「我朝以武功開國，入主中夏二百數十年，不意一蹶至此，反任那碧眼紫髯的洋鬼子橫行中國，正是令人可恨！」仇視外人之心，畢竟未改。扈駕諸人，統是默然。返京後，京內外沒甚大事。

有話即長，無話即短。忽忽間已是光緒二十九年。元旦這一日，西太后在寧壽宮受朝賀。元宵這一日，西太后在頤和園受慶賀。彷彿是堯天舜日，景星慶云。冷語。過了上元，京內外各官員照例開印。又有幾本半新半舊的章奏，呈入慈覽。內有遞減科舉一折，乃是直督袁世凱及鄂督張之洞聯銜奏請。略言：科舉為學校大礙，請將各項考試，逐科遞減，即以減額移作學堂獎勵。俟科舉減盡，此後士子專以學堂為進身階級，庶學堂不難普興等語。即月攘一雞之故技，且仍以利祿提倡學堂，根本亦誤。西太后隨即允准。小子於本回起首，曾敘及劉坤一出缺，以張之洞調署，如何此處複變作鄂督？原來二十八年冬季，江督缺任了魏光燾，張之洞仍回原任，所以此處仍照書鄂督。這且休表。且說春光易過，轉眼間又是二月，宮中吃肉的時期又到。滿洲風俗，向重祭神，連坤寧宮中均供奉神位，本應由皇后每日行禮。嗣後特設女官恭代，食三品俸，名叫薩滿，俗訛稱作撤麻太太，舊會典謂之贊祀女官。唯二月朔日，須由皇后親自主祭，祭餘之肉，帝、后以下，席地坐食，謂之吃肉。西太后也迷信鬼神，所以到了這日，亦必在佛前祈禱。是日在頤和園，早起即登萬壽山，至佛香閣拈過了香，然後回到樂壽堂，也令宮眷們吃肉。裕太太母女三人，均得列座。吃肉後，繼以午餐。午後太后小睡一句鐘，起來率宮眷泛湖。春風澹蕩，綠水暄妍，到了穿堂殿，登陸小憩，免不得吃些茶點。至興盡歸來，已是電燈熒熒了。

越數日，西太后復往祭西陵，返宿保定行宮。忽由宮監入報，慶王爺求見，西太后便叫他進來。慶王入見，請安畢，報稱榮祿病歿了。西太后大驚道：「有這事麼？他告假多日，我已派內侍慰問數次。他說近日尚安，誰知竟撇我長逝了。」慶王道：「尚有遺折在此。」當即奉上黃盒，由西太后展盒披折。其文道：

軍機大臣文華殿大學士奴才榮祿，備祿官銜，以示寵榮。為病處危篤，恐今生不能仰答天恩，謹跪上遺折，恭請聖鑒事：竊奴才以駑下之才，受恩深重，原冀上天假以餘年，力圖報稱。追思奴才起身侍衛。咸豐十年，國勢岌岌，內則奸臣蓄謀不軌，外則英法聯軍占據京師，宗廟震驚，宮駕出狩，駐蹕熱河。奴才備位侍從。文宗顯皇帝聖躬不豫，漸至彌留，奴才乘間進言於皇太后，發覺鄭怡二王之陰謀。原來也是他起頭。及聖駕賓天，奸王僭稱攝政，圖謀不軌。皇太后身處危險之中，有非臣下所忍言者。幸上天佑助，皇太后沉機默運，宗社危而復安。自此之後，兩宮太后垂簾聽政，叛亂削除，昇平復睹。奴才蒙恩升任內務府大臣。當穆宗毅皇帝賓天之際，皇太后親命奴才迎請皇上入宮。以社稷重大之事付之奴才，受命惶悚，感激何可言喻！又是一種定策功。奴才雖竭盡心力，豈能仰報於萬一耶？其後受任步軍統領，觸犯聖怒。曾尚記得宮妃否？七年之中，閉門思罪。皇上親政，復蒙慈恩出任西安都統，既而仍回原職。光緒二十四年，皇太后皇上鑒於國勢之弱，決意採行新法，以圖自強，皇上召見奴才，蒙恩簡任直隸總督，命以破除積習，勵行新政。孰意康有為藉口交法，心懷逆謀，致為新政之阻。皇上誤信奸人誇誕之辭，一時之間，偶虧孝道，親筆書諭，言變法之事，為皇太后所阻。又謂皇太后干預國政，恐危國家。對於奴才，數動天威，幾罹斧鑕之誅。奴才密見皇太后，陳述康黨逆謀。皇太后立允奴才等所請，再出垂簾，以迅雷之威，破滅奸黨。這是最大的功勞。光緒二十六年，諸王大臣昏愚無識，尊信拳匪，矇蔽朝廷，雖以皇太后之聖明，不免為其所動，竟以國家之重，輕徇妖術，直至宗廟淪陷，社稷阽危。奴才屢請皇太后睿識獨斷，不蒙信納，數奉申斥，憂懼無術，四十日中，靜候嚴罰。然皇太后仍時時召奴才垂詢，雖聖意未能全回，而得稍事補救，各國公使不致全體遇害。故事過之後，時荷天語感謝。自西安回鑾之初，即將肇禍之王公大臣，分別定罪，漸次改革庶政，不事急激，期臻實效。兩年以來，改革已不少矣。

聖駕回京，如日再中，東西各國亦均感皇太后之仁慈。奴才自去年以來，舊病時發，勉強支撐。兩月之間，請假開缺。蒙皇太后時派內侍慰問，賞賜人蔘，傳諭安心調理，病痊即行銷假，恩意疊沛。無奈奴才命數將盡，病久未痊。近復咳嗽喘逆，呼吸短促，至今已瀕垂絕之候，一息尚存。唯願皇太后皇上勵精圖治，續行新政，使中國轉弱為強，與東西各國並峙。奴才在軍機之日，見朝廷用人，時有人地不宜者，此乃中國致弱之源。奴才以為改革之根本，尤在精選地方官吏及顧卹民力、培養元氣之兩端。皇太后皇上深居九重之中，閭閻疾苦難以盡知。擬請仿行康熙、乾隆兩朝出巡之故事，巡行各省，周知民情。奴才方寸已亂，不能再有所陳。但冀我皇太后皇上聲名愈隆，乃達奴才宿願，則雖死之日，猶生之年。謹將此遺折，交奴才嗣子桂良呈請代遞。臨死語多紕繆，伏乞聖鑒赦宥。奴才榮祿跪奏。

西太后覽畢，垂淚道：「他遺折上所奏的事情，語語出自真誠。就是拳亂時候，他亦嘗屢次奏阻。外人反疑他庇護，待他不平。他前曾奏辭各項要差，我沒有允他。

他死，朝上大臣那個還似他忠誠？」西太后心中原只一個榮祿。這句話說得慶王都懷慚起來。西太后又道：「你去叫軍機擬奏，賞銀三千兩治喪；並賜他陀羅經被，所有封贈事宜著即議奏。」次日奏上，擬贈太傅，追封一等男。西太后照允，並予謚文忠，入祀賢良祠，嗣子桂良襲爵。越日又命賜祭席，著恭王溥偉帶領侍衛十員，前往祭奠。平生事跡，宣付國史館立傳。向例未立戰功及非皇室宗支不能得此優典，西太后因他忠勤逾恆，所以開此特例。小子嘗有詩詠榮祿道：

椒房寵澤已如春，死後承恩更絕倫。
莫怪此公邀異數，慈闈第一大功臣。

榮祿死後，那時仰承慈眷的親貴，要算慶親王奕劻了。欲知後事請看下回。

款待外賓，未始非交際禮儀，但終不足服外人之心；外賓告別時，固極口稱謝，然關於國際文涉，則仍要索多端，絲毫不讓。可見卑禮、盛筵，全然無用。本回敘俄使夫人之入覲，不過借表德菱姊妹之才，若謂其有益國家，則非作者之本意。至下半回述榮祿謝世，系順時敘事之筆，唯備錄其遺折，乃因榮祿一生，為西太后忠誠之僕。西太后數次臨朝，大半出榮祿之力。遺遺一一詳及，足以證本書之演述，信而有徵。榮祿死，而西太后亦不久矣。是回殿以詩云：慈闈第一大功臣，語近旨遠，最足令人玩味。

萬牲園太后臨幸　海晏堂西女寫真

卻說西太后聞榮祿死耗，心甚怏怏，即令啟蹕回京。途次坐著火車，到京後，下車換輿，面色很是不豫。西太后弟桂祥，至車站跪接。慈諭道：「榮祿如何就死？」桂祥道：「他嗽疾日甚，奴才曾薦醫診治，服藥罔效，竟致不起。」西太后道：「照你說來，是你害了榮祿，舉薦了個沒用的醫生？」說畢，匆匆上輿而去。自是西太后連日不懌。宮眷們稍有不周，便遭她訓斥，就是德菱姊妹，也不能免。德菱暗想：這老太后沒有長性。自己入宮時，何等邀寵，以後就漸覺平淡。近日雖為著榮中堂事，不無鬱悶，然也不至遷怒至此？意欲藉詞請假出宮回去，又恐逢彼之怒，一時不便啟齒，只好小心謹慎，延挨過去。西太后性情於此略見一斑。不意天公更會播弄，數月不雨，整日裡燥塵飛揚，地土槁裂異常。想是刮乾地皮。西太后愁上增愁，悶上添悶，懶與人交談一切，有所稟報，動遭呵叱。嗣因旱魃未除，下旨齋戒三日，又日去禱佛兩次。可奈茹素無效，祈佛無靈。西太后又命延長齋戒期，並飭光緒帝虔誠禱神。一直到了四月初旬，方見甘霖下降，淅瀝了一晝夜。一班趨承迎合的滿奴，又交頌太后感格神明，西太后才有些高興起來。

一日，光緒帝入內請安。西太后道：「萬牲園不知怎麼樣？我擬親去看視，明日你隨我同往。」光緒帝自然遵命。越宿，光緒帝奉西太后幸萬牲園，后妃宮眷們一同隨駕。侍衛宮監差不多有數百名。園在西直門外，舊名三貝子花園。嗣因各使臣任滿回國，多採購奇禽異獸，入呈慈覽，宮中無處餵養，便借這園內畜牲，所以叫做萬牲園。園四周可十里，凡獅、象、虎、豹等類，多用鐵柵為欄，把它羈住，朝夕令人喂飼，經費由內務府撥給。各大臣因太后好奇，逐年有所貢獻，因此園中的禽獸越集越多，他如海馬、文犀、怪鱷、大蟒、獮猴、鼪鼠等類，無不蒐集。還有各種名花瑤草，亦一一移植。遂分作動物園、植物園。自新政舉行後，注重實業，又將植物園改名作為農事試驗場，招集官民子弟學習農事，並命商人亦得入園設肆。振興農商，當從普及入手，僅有此園，烏足濟事。平時除太后入園，禁止閒人外，一任民人遊覽。所以都中人士往來園中，到也絡繹不絕。園內亦有樓、臺、亭、榭，最高樓約有數仞，名曰暢觀樓，聞系西太后命名。暢觀樓附近，有自在莊、豳風堂等。所有題額，亦由西太后御筆，各處建築，雖不及頤和園中的富麗，規模卻也宏敞，陳設很是精雅。又於園中鑿成一河，設有畫舫，可以代步。北人多乘輿，少乘舟，所以遊人至此，輒喜乘舟泛棹，遊行一週。話休敘煩。

單說西太后等到萬牲園，即由管園的滿員跪迎慈駕。既入門，西太后便命停輿，隨即下輿步行。光緒帝亦即降輿，隨著太后，所有宮眷人等，已早於園門外下輿趨入。大眾都擁著太后登堂。太后少坐，由園總管跪奉茶點。太后隨意食罷，照常例散給，即起座道：「我們先去動物園。」當下令園總管導著，信步前進。猛聽得一聲奇吼，彷彿與雷聲相似。西太后也為一驚，顧園總管道：「這不是獅吼嗎？」園總管應聲稱是。西太后道：「我們先去瞧獅子。」園總管即導至獅檻旁。但見獅威方發，大步往還，項中鬣豎作一團，張著大口，滴著饞涎。西太后回顧宮眷道：「這個猛獸，確是可怕，怪不得叫做獸王呢。」宮眷相率稱「是」。西太后又道：「從前中國畫師所繪的獅子形，統是全身有毛。我觀現在這獅並不是這麼樣子，所以百聞不如一見。」宮眷又都應著「是」字。信手敘來，無非學識。西太后見德菱在列，便問她道：「你在法國時，有無看見獅子？」德菱道：「也是少見。」西太后道：「這獅子是非洲進來的，歐亞二洲想是少有呢！」德菱道：「非洲地近熱帶，所以猛獸最多。」西太后點首。再向前行，有豹、有像，豹文駁雜，最為可觀。象系灰色，鼻甚長，兩牙外露，喜食瓜果，及看到虎欄，有大小二虎，蹲地睡著。西太后道：「這虎很是瘦弱，莫非月糧不足麼？」看守的人伏地奏道：「虎喜食肉。每日飼它，不足一飽，所以形容瘦削哩。」西太后道：「誰叫你剋扣虎糧？」率獸食人，西太后獨未聞麼！看守的復奏道：「並非剋扣虎糧，乃是虎不足食。」西太后怒道：「胡說！它不足食，何不增糧？」復語園總管道：「這虎鬚要飽飼，休教它餓斃。若是死了，要看守吏償命。」人不如虎，太草菅人命了。園總管連忙應旨。又巡視過去，見有奇馬兩匹，一匹是項上多一足，叫做五足馬，一匹是滿身五色，形似柳條紋，叫做文馬。太后道：「這兩匹馬煞是奇異。我一時失記，不知是那裡採來的？」便問園總管道：「你可知兩馬來歷否？」園總管跪伏於地，惶悚不能對。西太后笑道：「你可謂得魚忘筌，專顧物體，不知物名哩！」復轉問看守吏，也是蠢然無知。西太后道：「你們都與牛馬相類，怪不得不懂動物學。」

德菱聞言，恐遭問及，不便妄對，暗捏了一把汗。幸西太后只管前行，閱過了許多猴子，有藍面的、有紅面的、有黃面的。又有許多鼠子，形色也是不一。還有鱷魚兩尾，大蟒一條。鱷有水窖，蟒有鐵籠，所以不能肆毒。其餘如野熊、猩猩等類，統是世所罕睹。迤邐過去，聽得鳴聲上下，音韻鏗鏘，有無數怪鳥聚集一處，四面用鐵網罩住，形狀個個不同。他若鸚哥、百舌等，或系諸架上，或置入籠中，彩羽蹁躚，翎翮修潤，西太后目不勝賞，但說道：「都非凡鳥，可惜沒有鳳凰。」你也好算是人中鳳了，可惜是野鳳凰，不是真鳳凰，鳴盛不足，鳴亂有餘。隨語光緒帝道：「我們到植物園去吧！」

於是相率轉趨出了動物園。李蓮英奏請太后上輿，西太后道：「不如步行為佳。」當下移步前行。約數十步，即見奇花含蕊，琪草向榮，風吹百和之香，日映千重之錦，怡情悅色，豁目賞心。西太后老興陡增，步履益健。大家統還跟得上，只李總管年已將老，精力衰疲，走一步，懶一步，隨行數里，似乎呼吸俱促，痰喘交乘。胡不喘死。西太后回顧道：「你年紀尚不及我，奈何這般沒用？你緩緩走來，我們到暢觀樓去。」李蓮英口雖應命，究竟不好落後，只得撐著兩足，躑躅隨上。既到暢觀樓，西太后循梯而上，也不見什麼吃力。獨這位李總管已喘作一團，西太后特旨賜坐，自已憑窗遙覽，遙見葡萄滿架，桑葉成蔭，便回語園總管道：「葡萄可以釀酒，很是有用的植物。若蠶桑是中國絕大利源，此處種著桑葉，想系農事試驗場有人指授蠶桑？今日試驗場的生徒到那裡去了？」園總管道：「今日適逢假期，又遇老佛爺駕臨，他們未奉懿旨，不敢迎謁，所以多趨避呢！」西太后道：「這也不必。蠶桑是最要緊的實業，大內亦有桑園，后妃等嘗採桑飼蠶。我至今嘗親祀先蠶，不敢愆誤。前年且命浙省撫臣，招選湖州蠶婦數人入宮，教習飼蠶的法子。並設立綺華館，另募機匠，繅絲織綢，目前頗有成效。可見北地未必不宜桑，北人未必不宜蠶，所患在不肯學習呢。」數語頗含至理。園總管本沒有什麼才智，況是煌煌慈訓，不啻聖經賢傳，自然應聲維謹。

西太后眺了一會，才在樓上用些茶點，覆命皇帝以下，隨便充饑。尋下了樓，至豳風堂小憩。見有商肆陳列，西太后親問物價，肆商跪陳數目。西太后向李蓮英道：「這物價卻很便宜，我們所用的對象，從沒有這樣賤價哩！」李蓮英復奏道：「這是民間所用，貨物低劣，比不得宮中貴品。」明明浮冒，卻說是貨有優劣。西太后不禁微笑，也知他是誑言，無如難以割愛。又見肆中有食物陳著，便道：「他們的食物，不知味道如何？」李蓮英又奏道：「他們的食物，未必潔淨。」西太后道：「你們總是這般說。你不記得那年出走時麼？」果能時時記著，中國亦能自強，所恨只有五分鐘！隨顧園總管道：「午牌將近，我們在此午膳。你去向廚師說，園中頗有菜蔬，不妨取來烹調。菜根味長，比魚肉好得多哩！」園總管即要出去，西太后道：「我們至自在莊午餐。」園總管應聲去訖。西太后便出了豳風堂。李蓮英又請太后乘輿，並言：「老佛爺不宜過勞。」西太后道：「我愛園中景色，所以來此一逛，聊解愁悶。如坐在輿中，究竟不能自由，算什麼閒逛哩？」復照前步行，逐路眺賞。到了自在莊，日光將要晌午了。園總管已在莊中，指點廚役，擺設杯盤。西太后道：「這裡寓鄉村風味，我們且作一會鄉人。一切餚樽，求潔不求豐，宜雅不宜俗，何如？」園總管遵囑，每席不過八餚，只首席陳了十二餚。西太后瞧著道：「很好！此地不比宮中，大家坐食不妨。」於是西太后上坐，帝后等分坐兩旁，宮眷等統在別席分坐。食過午膳，大家休息一小時，西太后命乘舟泛河，派坐了五隻畫舫，先後啟行。在園中繞了一週，差不多有三四下鐘了，西太后興盡思歸。登了岸，上輿返大內，帝、后等隨從入宮。不必細表。

次日西太后臨朝，內務府呈上奏本，乃是海晏堂已經竣工，西太后擱過一邊。復有西巡撫岑春煊寄呈章奏，參劾巡撫王之春及提督蘇元春縱匪養癰。西太后語慶王道：「王之春這麼無用，蘇元春想是疲老，不合統軍。現在練兵要緊，似這種麻木不仁的人物，須把他立即革職，方可儆戒別人，唯何人可以接替？」慶王道：「奴才愚見，不如令柯逢時去任桂撫；提督一缺，還是叫馮子材接任，他是個老成宿將哩！」子材恰負盛名，柯公乃得撫缺，未免運動出來。西太后道：「也好！就照此頒諭吧。」

此外，尚有考取經濟特科一折。西太后語慶王道：「你去於近十日間定個日子，並派員監試，及主試閱卷等。擬好了，候我裁奪便是。」當下退朝。次日便由慶王擬定試期及主試監試閱卷等員，奏呈御定。西太后瞧了一遍，也不加參換，便發下禮部，明白曉諭。一班應試士子，屆期入場，大眾統想中榜，把生平所學的經濟抒寫成卷，出場後恭候揭曉。一等只取了九名，第一名乃是袁嘉穀。二等加倍，算取了十八名。後來袁嘉穀亦不見大用，徒然奪了錦標，落得一場空歡喜。想是不善鑽營之故，但西太后變法之心，亦自此可見。西太后注重兵政，又加意理財，遂增設一個商部。叫慶王的兒子載振，做了商部尚書。紈褲兒何知商務？將前時所立的路礦總局，歸併商部。並設立練兵處，命慶王奕劻為總理，下置軍政、軍令、軍學三司。又頒布大小各學堂章程。總算是除舊布新的見端。西太后復親至海晏堂，閱視一週。全殿都仿西式築造，殿內陳設的器具，也都依著西式，心下倒也喜歡。恐怕未必。隨回宮語德菱道：「海晏堂已經築就，照你所繪的圖形，大致無訛。將來召見外賓，便在這堂受覲，恰便當許多哩。」德菱稱「是」。西太后道：「我看這堂落成，便好宣召各使眷屬，遊宴一番。你仍替我們充著翻譯可好麼？」德菱遵旨。西太后便命外務部關照各使館，邀他眷屬入宴。於是美公使康格夫人、美參贊韋廉夫人、西班牙公使佳瑟夫人、日本公使尤吉德夫人、葡萄牙代理公使阿爾密得夫人、法參贊勘利夫人、英參贊瑟生夫人，挈領一班隨員婦女，聯翩至海晏堂。只德公使杜揚，恰親身自到。當由西太后率同光緒帝，登堂受覲。德使杜揚帶了各女賓進見。兩下里各有譯員，輾轉通詞，賓主統是快意。外務部總理奕劻，也入堂陪賓，便邀各賓到旁室茶點。未幾即陳酒餚，刀叉具備，杯盤雜陳。奕劻與榮壽公主，作為男女陪賓，應酬一切，統由德菱譯述。酒闌後，各賓都至太后處申謝，西太后復一一接見。瞧著康格夫人後面，有一個青年女士，面目韶秀，身材更帶著三分裊娜，恰與中國美人兒相似，不覺心愛起來，便指問康格夫人道：「這是何人？」康格夫人說是「密司卡爾」。西太后不能解，轉問德菱。乃知密司是西女統稱，猶中國所謂姑娘。卡爾是西女名，譯作中文，乃是一個克字。西太后問明後，康格夫人更令這密司卡爾行禮。西太后與她握手，又問她年齡幾何？擅長何學？密司卡爾答了數語，俱由德菱譯陳。西太后便道：「姑娘精繪事麼，恰是難得。」密司卡爾又答數語，復自德菱轉譯，系克姑娘要繪西太后慈容，送到聖路易博覽會去。西太后聞這一語，恰有些遲疑起來。德菱窺透慈意，便奏道：「外國帝后統有肖像。每遇各處賽會，都把肖像陳列，使人瞻仰。克姑娘懇請臨繪，倒也是一種好意。」奏陳很是中肯。西太后復沉吟一會，方道：「我也破例一試。由我們擇了吉日，邀她來繪便了。」各女賓才一律辭出。西太后便旨飭欽天監，選吉繪容。這事是清代創例，滿洲舊俗，必須帝后升遐，方繪遺容。此次臨繪生前，欽天監特別慎重，特將西太后年命按時合日，挑選了一個黃道良辰，令克女士在海晏堂開繪。後人有詩詠道：

朱丹繡廚大秦妝，緹騎人來海晏堂。
高坐璇宮親賜宴，寫真更召克姑娘。

欲知肖像繪成，曾否攜入博覽會，且看下回分解。

讀司馬長卿上林賦，知長卿用意在規諫漢武，非侈述草木禽獸，以自矜其美博也。本回述萬牲園動植各物，並非捏造，著書人曾親歷其境，所陳各物，不過撮舉大凡，已覺無奇不有，而寓意恰暗藏諷刺。國帑空虛，司農仰屋，民有饑色，野有餓莩，乃尚欲歲糜款項，以豢無用之禽獸，是亦可以已矣！且儀鑾殿被焚後，即改建海晏堂，備召見外賓之用，海晏未必果晏，而所費又不可勝計。試思清宮歲耗何一非窮民膏血？禽獸可已而不已，土木可已而又不已，民脂有盡，上欲無窮，是猶欲挽貧返弱，亦何異南轅而北轍也！至夾入新政二三條，雖是依時穿插，亦皮裡陽秋之筆。

劃戰域中立布條規　斥臺官西巡闢妄語

卻說克女士應召入繪，為西太后畫油像，形容態度，很是相似。約數日即已告成，呈諸西太后。西太后道：「虧她描摹，差不多是拍照呢。」原來西太后平日，已拍過數次照相，朝服便衣，各式都備；或獨自一人拍影，或挈著后妃等合照。就是德菱姊妹入宮，西太后亦同她照過，且有一張漁家裝束，亦與后妃人等並拍，煙蓑雨笠，孤棹扁舟，頗脫盡宮闈習氣，乃是在頤和園昆明湖中照的，西太后很是欣慰，曬印了好幾頁，隨處懸掛。後來流傳京外，各直省都仰慈容，這也不在話下。單說西太后瞧了油像，重賞克女士。克姑娘謝過西太后，陛辭而去。西太后以所繪油像，送往博覽會，應鄭重將事，遂命外務部預備典儀。送一油像，都要預備盛儀，好奢甚矣！外務部無可援例，只好把西太后遊幸的禮節，模糊參酌，定了一個非驢非馬的禮節，非驢非馬四字妙。呈入候核。西太后也不管什麼，總教形式體面，局面堂皇，便好照准。唯擬定禮節中，用黃輿恭奉肖像，送至火車，西太后因用輿舁像，幾如喪儀，爰將此條刪去，改用外部人員雙手恭奉，上用黃緞華蓋作為翊蔽。臨行時，皇帝以下，相率跪送。經過城中，官民等亦須跪著。到了車站，王大臣等猶敬謹送行，如太后親往一般。外人見了這種儀制，統訝為咄咄怪事，西太后恰快慰異常，還道是什麼榮譽了。可發一笑。

外務部辦理既畢，忽接俄日啟釁訊息，又嚇得魂膽飛揚。看官，你道外部諸公，何故如此膽小麼？原來此事是為著關東問題，與中國大有關係。小子於三十三回中，曾敘過中俄條約，俄允將東三省屯兵分三期撤退，第一期只撤掉了幾百名，第二期非但不撤，反運入無數兵馬，駐紮吉林。外務部諮照俄使，俄使一味延宕，並無實言。在吉林的俄兵只管斬伐森林，興築兵房，為久屯計。並由俄國特派阿力克塞夫為遠東總督，竟來管轄東三省。彷彿是英領印度。清廷急得沒法，覆電飭駐俄欽使胡維德，速與俄國外部交涉。不意過了數日，覆電到來，說是東三省事宜，要與俄遠東總督直接商辦，俄外部不肯照理。那時清廷只好電命奉天將軍增祺，去問俄督阿力克塞夫。

阿力克塞夫答非所問，竟要將滿洲地租，令增祺詳細報告。增將軍稟覆清廷，清廷王大臣統是面面相覷，那個敢來參議。就是聰明絕頂的西太后，要想再宴俄使並他眷屬，他也推說有事無暇入宮。可見特別優待全然無益。

山窮水盡疑無路，柳暗花明又一村。英、美、日三國駐使聞了這事，竟到外務部探聽訊息。慶王奕劻見風使帆，忙與他商議，邀他幫助一臂。日使建了一策，乃是開放滿洲，作為各國通商場。英、美兩使也是贊同。奕劻依言，照會俄使。俄使模稜兩可，只說要請命政府，方可作復。誰料他延擱多日，並無迴音。那遠東總督阿力克塞夫反得步進步，遣哥薩克兵六千名，直抵盛京。居然把盛京地方改了新名，令居民遇著俄國節慶，悉懸俄旗。日本因俄人占據遼東，與朝鮮逼近，有礙本國勢力，遂仗義執言，自與俄國交涉，迫他遵約撤兵。前時俄代中國索還遼東，此次日本亦代中國收還關東，可謂循環報應。俄國方有些注意起來。日本駐俄公使慄野氏，與俄外部大臣藍斯道夫會商；俄駐日本公使羅笙，也與日本外務省大臣小村氏協議，彼此辯論數次。日本的宗旨，是要保全中國、朝鮮的主權，俄國的宗旨簡直是先並關東，後吞朝鮮。嗣將朝鮮方面讓與日本，獨東三省要歸俄國處置，與日本無涉。日本不肯照允。

到第三次撤兵期，俄國不肯撤兵，毋庸細說，日本詰問愈亟。俄皇竟變起臉來，聲言日本陽託協商，陰實挑戰。日人聞言大動公憤，一面徵兵籌餉，預備決裂，一面命駐俄日使催俄外部限期明復。俄國逾期不答，日本遂暗遣軍艦，直指遼東。

光緒二十九年十二月二十三日，俄駐旅順口水師提督司塔氏，因家眷生辰，開筵宴客。屬下武弁，統至提督行轅祝賀。賓主酬酢，很是歡躍，到晚設跳舞會，興致尤酣。大家正手舞足蹈，忽聞炮聲雷震，彈丸雨飛，彷彿如天崩地塌、山鳴海嘯一般。頓時人人驚詫，個個倉皇，忙令軍士探報。回稱日本軍艦，已來攻旅順口了。武弁等立即出轅，歸船接仗。不意已有數兵艦被敵擊沉，餘艦雖早已戒嚴，究竟變起倉猝，一時不及對手，等到武弁回船，開始還擊，已被日兵占了先著。虧得事前尚有預備，砲彈等均已配齊，還好勉強支援。否則全軍覆沒，旅順口早已失陷了。若經清兵守著，便如所言。兩下相持一小時，日艦竟退去。次日日本巡洋艦三艘，往來遊弋，俄艦正要開炮轟擊，日艦復馳還。過了一點鐘，日艦如牆而至，列於黃金山下，開炮猛攻。俄艦裡面的炮力，不及日艦的劇烈，互擊了一小時，俄艦沉沒一艘，受傷六艘。日本只失去魚雷船一隻，餘艦都安然退去了。忽來忽去，這是日人狡猾處。這番攻擊，已是宣戰的開手。兩國調兵遣將，起勁得很。只戰線在遼東地方，本系中國土地，被兩國鏖鬥起來，勸無可勸，阻無可阻。遼東百姓又是晦氣！

西太后聞得此信，愁悶萬分，只得與慶王奕劻等朝夕商議。三個縫皮匠，比個諸葛亮，竟參照萬國公法，擬出一條局外中立法來。什麼叫做局外中立？他國宣戰，此國作壁上觀，無左右袒，便是局外中立的意旨。但日、俄交戰是在中國境內，比不得海外各國，宣告中立是堂堂正正的。所以法學家研究這事，乃是區域性中立，若稱為局外中立，還是掩耳盜鈴的說話呢。語有根底。清廷既擬定中立，便照會日、俄兩國，略說兩國同為友邦，重以親交，當依局外中立例處置。已通飭各省一體遵守，且嚴飭地方官保護商民、教徒，唯盛京及興京，為陵寢宮殿所在，應令該將軍敬謹守護。所有東三省的城池、官衙、人命、財產，兩國皆不得損傷。原駐中國軍隊，彼此各不相犯。各省及邊境內、外蒙古，統照局外中立例辦理，兩國軍隊各不得侵越。若闌入境界，中國當出兵攔阻，不得以失和論。嗣後不論誰勝誰敗，東三省的疆土權，仍歸中國自主，不得占據云云。一面飭南北洋張貼告示，曉諭兵民。共列十餘條章程，無非是：禁止干預戰事、接濟軍火、租賣艦隻、借給款項、代探訊息、幫運兵械、私售糧食等情。

嗣接到駐日楊欽使電文，報稱中國雖守局外中立，據日本外部意見，邊防總須籌備，請朝廷速即裁奪，以免貽誤。西太后遂即降旨，命提督馬玉昆帶兵十營，駐守遼西；郭殿輔帶兵四營，駐守張家口；另派直隸旗兵五營駐守錦州，淮軍三營駐守新民廳，常備軍六營駐守山海關；又調集各省勁旅入衛神京。看似軍容很盛，實皆是場中傀儡，擺一虛架而已！各軍陸續到防，西太后心始少安。忽又由駐日使臣電達日本外部照會，內稱：日本軍隊當謹守交戰法規，凡非敵國所有，不得無故損傷，貴國政府盡可無慮。唯戰線在貴國領域，日本有所措置，一依軍事上必需之件，非敢損貴國主權，實因地勢所限，不得不然。所有關於貴國官民，果確守中立規則，即在戰鬥地域內，日本軍隊亦當竭力保護等語。這一個照會，分明是指遼東為交戰場。清廷不得已，與奉天將軍酌定戰地界限規則九條，通告日、俄，並頒示中外。小子因這幾種規條，為區域性中立的佐證，姑一一錄後：

（一）日、俄二國倘在奉省地面開仗，擬即指定戰地。兩國開戰及駐紮之軍隊，只能在戰地限內，不得逾指定戰地界限之外。

（二）西自蓋平縣所屬之熊嶽城，中間所歷之黑峪、龍潭、洪家堡、老嶺、一面山沙、裡岙、雙廟子以東，至安東縣街止；由東至西，所歷以上各地名，分為南北界限；限以南至海止，其中之金州、復州、熊嶽三城，及安東縣街為指定戰地。抑或西至海岸起，東至鴨綠江岸止，南自海岸起，北行至五十里止，為指定戰地。兩國開戰後，凡戰地域內之村屯城鎮，免遭兵禍。

（三）兩國開釁，無論勝負，軍隊俱不得衝突竄入指定戰地界限以外之地。如有侵及限外之地，殺傷人民，燒毀房屋，搶掠財物，以及一切損失，應由越限之國認賠。其戰敗之軍隊及受傷人等，無論行抵何處，我既守局外，一概不能收留。

（四）此次指定戰地限內之地，但供兩國戰時之用。如勝負已分，軍事已竣，所有指定戰地，兩國兵隊，均各隨時退出，不得占據。

（五）兩國宣戰以後，所有指定戰地限內，除日、俄兩國外，其外無論何國兵隊，不得任意闌入。並屆時無論何國官民一切人等，如欲赴指定地方者，均應照章向華官請領護照，及沿途華官呈驗，方准前往，其不應前往之人，仍由華官查禁。

（六）人民財產，不免衝突，倘有損失，照公法應由戰敗之國認賠。如有無故殺傷人民、燒毀房屋、搶掠財物，何國所行之事，應由何國認賠。兩國開戰，我既守局外，所有界限以北之城市，應由我自行派兵防守，兩國軍隊，不得衝突。其在界限以南，即指定戰地限內，安東、復州、熊嶽各屯，向有之巡捕隊，仍照舊駐紮，兩國不得阻攔，並不得收我軍械。知兩國定期開戰，以上各巡捕隊，均行調回各該城內駐紮。至省域外地面兵少，亦當酌調一二營彈壓，以免驚擾。俄人亦不得阻攔，收我軍械。

（七）兩國徵調軍隊，有必須由指定戰地限外地方經過者，不得逗留久住。糧食、柴草一切日用之物，須該國軍隊自行備辦攜帶，以符我守局外之例。

（八）我既守局外，兩國開戰以前，開戰以後，均不得招募華民匪類，充當軍隊。

（九）如有匪徒竊發，在戰地限外者，歸華隊剿捕；其在戰地限內者，與何國兵隊相近，即由何國剿捕。唯均不得越界，以免別滋事端。

（十）兩國如已訂定開戰，須將日期及在何處開戰，預先知照華官，出示曉諭，俾人民知避。

遼天蕩蕩，戰鼓鼕鼕，華歷除夕之辰，正日俄兩國正式宣戰之日。遼東所有殷富商民，統遷出戰線以外，只窮苦百姓，無資移徙，不得已耐著性，拼著死，縮著身子，聽天由命。西太后恰也顧念民艱，不忍自娛，於光緒三十年元旦，停止慶賀禮。唯慈壽已屆七旬，王大臣等援例陳請，預備萬壽慶典。屈指尚有十月，那時應海晏河清，當即奉旨照准。體面是不可少的！奈遼東戰信，日緊一日。俄國派兵部大臣苦魯巴金，專任遼東總督，指揮陸戰事宜；又命海軍提督馬哈囉夫，到旅順口指揮海戰事宜。日本海、陸軍隊，煞是利害，一面掃逐仁川俄艦，專力堵住旅順口，一面從朝鮮進兵，先與朝鮮定約，令作為日本保護國，所有外交、軍政，歸日本處置。看官曾記得馬關條約麼？馬關條約第一條便是朝鮮自主。應二十三回。此次因日、俄交戰，不費什麼兵力，只藉口假道，輕輕的將朝鮮主權篡取了去。朝鮮本亦宣告中立，至此驟然取消，朝人還道是日本卵翼，可以高枕無憂，那知全國版圖，已入日人掌握。日人就通道鴨綠江，仗著一股銳氣，驅逐俄兵，並將九連、鳳凰二城盡行占據。俄海軍提督馬哈囉夫，聞俄兵陸戰失利，懊惱的了不得，召集旅順口各艦，麾令出口，大有滅此朝食的氣勢。巧值日將南澤安雄，帶了水雷驅逐艦，分作甲乙二隊來攻旅順。兩下相遇，於老鐵山南頓時炮對炮，槍對槍，彈對彈，撲通撲通的互擊起來。那時從煙火迷漫之中，望見日、俄主艦，各已受傷。日將南澤安雄面上受創，鮮血淋漓，尚是揮旗力戰。日艦見主帥受傷，蟻附而來，攻擊愈猛。馬哈囉夫自知不敵，遂收兵退還。這場海上的惡戰，日兵又獲勝利。南澤氏蒙賜金鶴章，各艦隊亦邀賞賚。當下軍心益奮，恨不得立下旅順。過了數日，復整率艦隊，再攻旅順。被俄艦擊沉福井丸一艘，船長廣瀨武夫死難，餘艦才退。又越數日，兩軍又接戰於黃金山下。俄督馬哈囉夫奮勇當先，直衝日陣，不意一聲怪響，船竟破裂，海水湧入船中，霎時間竟致沉沒。馬哈囉夫無自逃遁，竟率領全船兵役，朝見海龍王去了。涉筆成趣。原來日兵已暗埋魚雷，俄督不及預防，遂致罹禍。俗語有道，蛇無頭不行。那時俄艦相率慌亂，日艦越加得勢，眼見得日勝俄敗，虧得俄艦中有親王幾利爾，忙下令收隊，方得回港。幾利爾也受了幾彈，總算未中要害，性命還得保全。為此一戰，俄艦已成餘燼，不能再出堵截，只好死守旅順，專待援兵。

這捷音傳達清宮，西太后正自慶慰。日人得勝何足自慰？忽慶王奕劻入宮求見，報稱俄兵闌入遼西，凡新民屯、溝幫子、白旗堡、梁家屯、廣寧、雙臺、錦州等處，統有俄兵蹤跡，擅奪糧食、馬匹。現日使正來詰問，應請旨辦理方好。西太后道：「你為外務部總理，何不致電胡使，令他與俄國交涉？」奕劻道：「奴才早電飭胡使。

胡使覆電謂：俄政府遇事推諉，要中國與他前敵大員自行協商。奴才再照會俄使，俄使置諸不理。這事未免棘手了。」西太后道：「且電令增祺與他遠東總督交涉何如？」奕劻領旨而退。西太后自嘆道：「我前時原想定都西安，被中外逼我回鑾，致受各種驚嚇。如今後悔無及了。」這句話也不過一時太息，偏宮中無知的太監竟傳將出去，頓時一傳十、十傳百，都中謠言蜂起，爭說西太后又要西幸。太后想是西司命，所以專事西顧。連各國駐華公使，也紛紛照會外務部，請兩宮切勿西行，牽動大局。若俄、日破壞中立，我等亦當出阻。外務部復稱：「並無是事。」誰意御史汪鳳池，還似睡夢未醒，上疏諫阻西巡事。當奉旨申飭道：

現在日、俄兩國失和，並非與中國開釁，京師內外，照常安堵，何至有西幸之舉？御史汪鳳池以無據之辭，輕率奏陳，實屬不明事理。著傳旨申飭。嗣後如有妄造謠言、淆惑眾聽者，著步軍統領衙門、順天府、五城御史一體嚴拿懲辦，以靖人心。欽此！

這諭下後，又命奉天、吉林兩將軍，確守中立定約，毋庸瞻徇。這是仗著各使的言論。

孰意一波未平，一波又起，滬上黃浦灘頭，又有一俄艦出現。日使又來詰責外務部，正是：

強國有公法，弱國無公法，交涉日益艱，何不一憤發？

畢竟外務部如何處置，容待下回說明。

日俄文戰於遼東，中國僅守區域性中立之例，坐視遼疆震動，遼民流離，不敢為之過問，可恥也！以我所固有之遼疆，我所久隸之遼民，不能直接安撫，反仰仗他人鼻息，歸其保護，尤可恥也！俄勝則遼東危，日勝則遼東亦未始不危，乃沾沾於日人之勝，竟視為中國幸事。慊他人之慨，愈可恥也！日兵方戰勝遼東，俄兵竟闌入遼西，西太后且悔回鑾之失策。至於宮監洩言，中外共聞，勸阻之照會頻來，規諫之奏章復上，雖日以訛傳訛，而西太后之輕視社稷，情可知矣。況日、俄戰爭仍為拳亂之結果，西太后不悔信邪任佞之非，反以羈身西安，可免驚嚇，曾亦思我能往，寇亦能往，豈關中果為天險，足杜戎馬之足耶？視身太重，視國太輕，書中已隱露端倪，閱者可於夾縫中求之。

萬壽屆期力辭徽號　五臣歸國特降綸音

卻說外務部接到日使照會，正擬電達南洋，查明虛實。適南洋大臣來電，也是為著此事，請外務部速與交涉。外務部只得又照會俄使。俄使答詞甚妙，據言為保護僑商起見。外務部竟無以應，轉把俄使言通知日使。好教我左右做人難。日使堅持不允，竟電致本國，也派兵艦赴滬。滬上商民正因俄艦到來，非常驚駭，不意又來了日艦，同泊黃浦灘頭，那裡還敢安枕。幸各國駐滬領事，以日、俄兩艦寄泊一港，不無生釁，遂援照萬國公法，迫俄艦卸去軍裝，歸中立國看管。於是俄艦無可奈何，只得照允，日艦亦退了出去，才得無事。唯遼西一帶，俄兵尚是往來。奉天將軍增祺去謁俄遠東總督，他竟託病不見，增祺束手無策。猶幸是日兵連戰得利，入金州，進營口，下牛莊，據析木城、海城等處，復西北攻遼陽，擊敗俄人，把遼陽城亦占據了去。並將南滿洲鐵路一律拆毀，杜絕俄軍出入。俄人自是不敢南來。清廷王公又私相慶賀，西太后也稍稍放心。醜！

誰料西藏又生事端，達賴喇嘛被英兵迫走庫倫。原來西藏與印度毗連，藏、印時有齟齬，曾由清廷特派專使，與英人訂立藏印條約，先後凡兩次。達賴不願遵約，久未履行。英將榮赫鵬遂帶兵入藏。藏人不能拒，由他攻入拉薩，達賴只得棄藏北遁。榮赫鵬竟與藏人，私立條約十款，要將藏境屬英保護。駐藏大臣有泰飛電清廷，清廷才得聞知。一面令有泰力阻畫押，一面派侍郎唐紹儀由印度入藏查辦。紹儀陛辭去訖。西太后因交涉日繁，整日裡住著宮中，連頤和園也無心遊覽，每當退朝餘閒，向佛拜禱，默祈中外和平。婆子氣總未能免。奈天心總未悔禍，西藏事尚遠隔天涯，遼東事卻近在眉睫。

一天一天的愁悶過去，竟要到萬壽誕辰了。王大臣等預備典禮，已早辦妥，並聯銜上摺，請皇帝再上太后徽號。光緒帝此時如木偶一般，所上奏摺都由西太后親覽。西太后瞧到此折，不禁嘆息道：「我命生得這麼苦，除四旬壽辰外，五旬遭中法戰爭，六旬遭中日戰爭，今年七旬，中國並未與人開釁，偏偏日、俄兩國失和宣戰，竟將中國的遼東作為戰場。看來萬壽期屆，大家又無心祝嘏，我也不思受賀，還要加什麼徽號。」隨親書朱諭道：

值此時事多艱，日、俄兩國兵事未定，我東三省境內人民，方在流離顛沛之中，廣西叛匪披猖，生靈屢遭荼毒，其餘完善各省，亦復疲於捐派，民力難堪，滿目瘡痍，深宮無日不為引疚，豈尚忍以百姓之脂膏，供一人之逸豫？所有萬壽典禮，均應從省，及皇帝請加上徽號，亦毋庸舉行。總之皇帝當以圖治、安民為孝，諸臣當以匡時體國為忠，宵旰怵勞，正宜交相諮儆，內外臣工，其各修職業，各矢血誠。於籌餉、練兵、興學育才以及農、商、工藝諸要政，凡有裨於民生者，合力振興，切實整頓，用以宏濟艱難。俾天下蒼生，鹹樂昇平而躋仁壽。是則予之所厚望也！特諭。

寫畢，便召入慶王奕劻，將朱諭交他頒發。慶王還說是日俄開戰，與中國無涉，請太后不必嗚謙。西太后不允，奕劻才奉諭出走。到了內閣，便命辦公人員添上「朕奉皇太后懿旨」等字樣，照例發出。王大臣見了這諭，都道：「似太后的溫恭儉讓，正是古今罕有的！」奕劻轉入外務部。適有日本使館送到照會一角，不由得吃了一驚。忙展開一瞧，乃是俄國波羅的海艦隊，遠航東來，請中國沿海戒嚴等語。還好還好。心中一想，幸還沒有什麼交涉。不免稟報太后，請旨飭沿海各省，嚴守中立條規，毋使俄艦入境。旨下後，沿海疆吏自然嚴行防範。過了數日，已屆西太后壽期。宮廷內外統是高搭綵棚，懸燈結綵，滿天都用黃緞遮蔽，就是那普天同慶、萬壽無疆的字樣，也多用貢緞組成，一切陳設，無不精妙，花花色色，光怪陸離。祝嘏這日，一班王大臣統隨著光緒帝，盛行慶祝禮，比甲申、甲午兩年，特別繁備，不勝闡述。這叫做無名有實。

小春一過，倏忽殘冬。日本海陸兩軍前後圍攻旅順，俄國守將援絕糧盡，只好通款乞降。日軍收了旅順，至次年春間，又占了奉天省城，養精蓄銳，專待俄國波羅的海艦隊到來，與他廝殺。波羅的海，在歐洲北部，乃是俄都聖彼得堡領海。此次發艦來援，須繞道大西洋，通到太平洋，沿途所經，都是中立國境界，無處寄泊。就使船身堅大，整日在大洋駛行，差不多似一葉芥舟。那日本國訊息很靈，俄艦隊到一處，日偵探即報一信。待航到中國海濱，已與日本海相近。日本仿堅壁清野的計策，將所有高大的艦隊，盡行藏伏，專用狹小的漁雷艇遊弋海中，作為誘敵的疑兵。日人真乖。俄艦自數萬里到來，一股銳氣早已中衰，既入日本海，軍威早鎩，海道又是未熟，好像盲人瞎馬，夜半深池，稍識兵法的旁人，已曉得俄艦無幸了。確犯兵家之忌。俄艦到了對馬峽，乃是日本要口，天然險要，不敢偷越。日本海軍看它惘惘進來，把誘敵各艦，收入峽中。俄艦守候兩日，並無對仗的敵船，放出一陣大砲，也沒有還擊的炮聲。那時進退兩難，只好冒著險闖入峽口。孰意船甫入峽，四面八方的日艦霎時齊集，你一炮，我一炮，都望俄艦轟擊。俄艦雖開炮還擊，奈日艦多是狹小，往來甚捷，所射彈子，十丸中不著一丸。那俄艦卻是很大，每被敵炮擊者。彷彿是虎入犬叢，虎一犬百，百犬攢繞一虎，任你如何勇悍，也被群犬所欺。當下酣鬥一場，俄艦弄得麻木不仁，鐵甲半被洞穿，艦隊又多受傷，戰無可戰，遁無可遁，沒奈何束手歸降，做了俘虜。俄國到此地步，已是不能再戰。

恰好美國大統領羅斯福，出來調停，勸兩國停戰休兵，就借美地樸茨茅斯為兩國專使會議場，彼此開議。日使小村氏提出議案：一要俄國償還戰費，二要俄國承認朝鮮主權，三要俄國割讓樺太島，四要俄國讓與旅順、大連灣租借權，五要俄國撤退滿洲兵，六要俄國承認保全清國領土及開放門戶，七要俄国將哈爾濱南邊的鐵路讓與日本，八要俄國將海參崴的幹線作為非軍事鐵道，九要俄國竄入中立國軍艦交與日本，十要限制東洋的俄國海軍，十一是要俄國讓與沿海州的漁業權。俄使槐脫便把十一款允了七款，只第一、第三、第九、第十共四條，堅持不允。嗣經美大統領代為磋磨，將樺太島南半部讓給日本，餘三條一概取消，和議乃結。全約公布以後，東三省中的俄兵總算盡行撤去。無如前門拒虎，後門進狼，南滿洲一帶，統入日本勢力圈，北滿洲一帶俄人尚橫行無忌。從此中國的東三省，不啻為俄、日平分，只表面上稱作中國版圖罷了。中國只顧全虛名，其餘盡可慨讓！

西太后聞俄、日修和，東三省土地，歸還中國，忙遣使致謝日本。且時常與德菱女士談及，國勢不在大小，總要兵力強盛，小亦可以敵大，日本國小，卻能戰勝絕大的俄國，中國如趕緊練兵，或亦能返弱為強，不畏外人。捨本逐末之言。德菱卻奏稱：「兵不在多，在乎同心協力。日本宣戰時，全國上下，無不視國如家。男子固荷械從軍，女子亦脫簪助餉。所以得此勝仗。」西太后聞言，亦不加可否。嗣聞一時輿論，多說日本因立憲而勝，俄国因專制而敗。中國極應仿效日本，將君主專制政體，改作君主立憲政體，庶幾可以圖強。西太后亦置諸不理。唯自日俄戰爭以後，嘗移居宮禁中，借示鎮定。至此因時事和平，仍常駐頤和園，遊玩消遣。奈主張立憲的言論，日盛一日，起初不過都下閒談，後來竟時形諸奏牘。西太后迫於眾議，也只好勉力從新。於是廢弓箭，停科舉，考試出洋學生，贖回粵漢鐵路合約。又遣載澤、戴鴻慈、徐世昌、端方、紹英五大臣分赴東西洋各國，考求一切政治，作為維新標準。京內外人士喁喁望治，總道西太后自悔前非，更張舊轍，不知她如何刻勵，如何勤勞。誰知西太后從容不迫，頤養自娛，想是能人不忙。登山泛湖，抹牌擲骰，午後、昏黃，且橫陳一榻，把阿芙容膏作為延年益壽品。怪不得鴉片流毒屢禁不絕。

一日正在吸菸，驀聞一聲怪叫道：「老佛爺，不好了！革命黨來了！」西太后擲煙起床，忙問道：「你說什麼？」那人復道：「正陽門外來了革命黨，亂放炸彈，將考察政治的五大臣一一炸傷。」西太后驚道：「這還了得！」說著時，瞧那稟報的人，乃是一個值園的太監。隨又道：「你不要妄報。你去探聽的確再來報聞。」太監自去。西太后嘆道：「康逆尚未拿獲，孫逆又來鬧事，真是可恨！」看官！這康逆是康有為，前文概已敘過，無庸細表。那孫逆恰是何人？不得不略略表明。

當時有一個排滿興漢、鼓吹革命的大首領，姓孫名文，字逸仙，號中山，籍隸廣東香山縣。幼時在教會學堂讀書，便已領略那博愛、平等的訓詞，嗣又投廣州博濟醫院，學習醫術，轉入香港推利士醫院，學術大進。畢業後，他就借行醫為名，暗中結識同志，陰圖革命。後來立了一個興中會，自己做了會長，竟湊集資本，向外洋去購槍械，擬奪廣州為根據地。冤冤相湊，密謀竟洩，粵大吏嚴密緝拿。虧得孫文先行走避，航海去英。嗣後被駐英使臣龔照瑗誘入館中，將他拘住，又由英人康德利，與孫有師生誼，替他設法救出。孫文雖經蹉跌，毫不膽怯，越發冒險進行。有為者亦若是。自是遊歷外洋，遇著僑居的華民，及留學的志士，每與他談說滿清的壞處，革命的要事。有幾個相信的，便加入會中，願效死力。還有幾個富翁，慨允助餉。只因中國沿海，邏察很嚴，一時不便進來，只好與從前幾個好友，暗地通訊。粵人史堅如想去借粵督德壽的頭顱，被德壽覺著，反把他的頭顱借去。中國第一次革命流血，要算這位史烈士了。過了一年，湖南志士唐才常又想發難，機謀未密，死在張之洞手中。粵東三合會首領鄭弼臣，在惠外府起事，復遭失敗。嗣又有湖南人黃興，邀了同志萬福華，潛蹤上海，刺殺故桂撫王之春，險被拿住正法。黃興命不該絕，經問官查無實據，釋獄東去。浙江人蔡元培、章炳麟，四川人鄒容，組織會社，高談革命。江督魏光燾飭上海道密捕，蔡走脫，章、鄒被逮下獄。鄒病死獄中，章後得釋。

此次五大臣奉命出洋，受親友的歡送，餞宴數日，方出京城。至正陽門車站，突遇炸彈爆裂，煙霧飛揚，五人中跌僕二人，一是載澤，一是紹英。經僕役攙起，幸喜沒有隕命，不過受著一些兒微傷，慌忙抱頭趨回。只那放彈的人，自己已燒得焦頭爛額，倒斃車站。當由警察收檢屍身，在袋中覓得名片，乃是姓吳名樾，字孟俠，皖北桐城人。看官不必細問，想總是個革命黨了。直截了當。西太后聞宮監言，尚是虛實未明，旋由慶王奕劻入報，才知受傷只有二人，忙命奕劻擬諭，飭京城內外嚴索黨人，戒嚴了好幾日，沒有第二個革命黨。

那時西太后再促五大臣出行。偏這徐世昌、紹英不願奉命，沒奈何改派尚其亨、李盛鐸，會同載澤、戴鴻慈、端方，擇了一個吉日，往遊外洋。途中頗幸安穩。虧得挑選定吉日。從日本轉赴美國，又到英、德，吸受了好些新聞。便從海外郵遞一折，請西太后改行立憲，期以五年。西太后也似信非信，只降了一道懿旨，命政務處王大臣妥籌立憲事宜。復設考察政治館，延攬通才，悉心研究，慎擇中外可行的政治，酌纂成書，隨時進呈，候旨定奪。一面設巡警部，令徐世昌為尚書，設學部，令榮慶為尚書。徐世昌請將綠營改為巡警，榮慶請宣示教育宗旨，以忠君、學孔為綱，尚公、尚武、尚實為目，俱蒙西太后允行。只西太后注重兵政，特派袁世凱、鐵良為秋操閱兵大臣，至河間閱操。自是垂為常例。

至三十二年，五大臣從外洋歸國，各大臣多至車站歡迎。既入京，當由西太后召見，極陳立憲的好處，與不立憲的弊端。西太后無可無不可，再諭令政務處大臣，公同會議。大家敘論一番，決定籌備立憲。五大臣又分陳數折，政務處亦會陳一折，乃於七月十三日頒發預備立憲的詔旨。其詞云：

朕欽奉慈禧端佑康頤昭豫莊誠壽恭欽獻崇熙皇太后懿旨，我朝自開國以來，列聖相承，謨烈昭垂，無不因時損益，著為憲典。現在各国交通、政治法度，皆有彼此相因之勢，而中國政令，日久相仍，日處險危，憂患迫切，非廣求智識，更訂法制，上無以承祖宗締造之心，下無以慰臣庶治平之望。是以前簡派大臣分赴各國，考查政治。現載澤等回國陳奏，皆以國勢不振，實由於上下相暌，內外隔閡，官不知所以保民，民不知所以護國。而各國之所以富強者，實由於實行憲法，取決公論；君民一體，呼吸相通，博採眾長，明定許可權；以及籌備財用，經畫政府，無不公之於黎庶。又兼各國相師，變通盡利，政通民和，有由來矣。時處今日，唯有及時詳晰甄核，仿行憲政，大權統於朝廷，庶政公諸輿論，以立萬年有道之基。但目前規制未備，民智未開，若操切從事，徒飾空文，何以對國民而昭大信。故廓清積弊，明定責成，必從官制入手。亟應先將官制分別議定，次第更張，並將各項法律詳慎釐訂，而又廣興教育，清理財政，整頓武備，普設巡警，使紳民明悉國政，以預備立憲基礎，著內外臣工切實振興，力求成效。俟數年後規模粗具，備看情形，參用各國成法，妥議立憲實行期限，再行宣布天下。視進步之遲速，定期限之遠近。著各省將軍督撫，曉諭士庶人等，發憤為學，各明忠君愛國之義，合群進化之理，勿以私見害公益，勿以小忿敗大謀，尊崇秩序，保守和平，以預儲立憲國民之資格，有厚望焉。將此通諭知之。欽此！

頒諭的第二日，即派鎮國公載澤，大學士世續、那桐、榮慶，貝子載振，尚書葛寶華、徐世昌、陸潤庠、壽耆、奎俊、鐵良、張百熙、戴鴻慈，及直隸總督袁世凱，會同編纂官制，由奕劻、孫家鼐、瞿鴻璣總司核定。大家振刷精神，參酌中外，草創的草創，討論的討論，先將官制釐訂起來。正是：

觀政已歸等立憲，任賢未就且論官。

欲知釐訂官制情形，且俟下回續敘。

自西太后垂簾聽政後，每遇萬壽周旬，輒有中外變故。當時有以慈壽為不利者，不知此正天之所以儆西太后，令知戒滿防傾之理，勉其自抑也。西太后之辭上徽號，第出於一時之憤懣，而誠意未嘗貫注，迨至日俄停戰，即駐園自逸，頤養天年，其偷安苟且之心可見矣！至若派遣五大臣，出洋考察政治，憑數月之遊歷，即以為了明西政，可以吸取文明，天下事寧有若此易易者？且降旨籌備立憲，徒以釐訂官制，為入手之方，猶是屍居餘氣之庸臣，易其官，不易其人，何足濟事？是殆諺所謂換湯不換藥者。總之西太后一生之誤，誤於驁虛，誤於崇華，又誤於好奢、好逸、矜才、使氣，至老不悟，而清社即隨之而亡矣。可勝慨哉！

納歌姬言路起風潮　防黨人政府頒憲法

卻說清廷王大臣等，奉旨釐定官制，忙碌了幾十日，方把京中官制，擬就草案，呈與總核大臣核定：慶王奕劻暨瞿中堂鴻璣、孫中堂家鼐，彼此商酌，略加改削，然後會銜上奏。奏中大意是分立法、行政、司法為三部。立法部應屬議院，因在籌備時候，議院未設，暫設資政院以作立法機關。行政部專屬內閣各部大臣，內閣設總理、各部尚書，分兩部務，合參閣議。部有外務、民政、度支、吏、禮、學、法、陸軍、農工商、郵傳、理藩諸名目。民政部即系巡警改名；度支部即系戶部改名；陸軍部即系兵部改名；農工商部即系商部改名；郵傳部即系工部改名；法部由刑部改設。司法事宜專屬法部，另設大理院任審判，以法部總其成。此外有應增應減各員，均一一宣告。共列清單二十四件，並呈慈覽，迨至上諭頒發，竟把要緊的內閣問題作為罷論。宗旨先誤。其餘各員，除各部新名外，亦多有參改。朝臣雖未免詫異，究竟王言如綸，不便反抗，只好嘖嘖私議罷了，京官已經定製。又奉諭釐訂各省官制。免不得又有一番手續，起草各員因此事關係各省疆吏，屢拍電文與商。各省疆臣互生了一回議論，結果是由京中解決。凡各省督撫下設布政、提法、提學三司，交涉煩多的直省，增設交涉使，有鹽的直省，留鹽運使，或鹽法道及鹽茶道，所有分巡、分守各道員，一律裁汰。各府州縣公牘直達督撫，不必由司道間接，以省轉折，是為外省行政的大凡。每省各設審判廳，置審判官，受理訴訟案件，受成於提法使，是為外省司法的大凡；至若外省立法，俟選舉議員，開設諮議局後，方有專責。議既定，照例申奏，奉詔允行。且命先由東三省創辦，各省依次推行。載澤等復將各隨員日記，裒錄成編，分門纂輯，共成書六十七種，都一百四十六冊。又搜採東西文政治書藉，得四百三十四種。均諮送政法館，借備採擇。亞東的老大帝國，幾乎革故鼎新，大有振興氣象。貌似神非。政務處又奏定禁煙章程十條：限種罌粟，分給牌照，勒限戒癮，禁開煙館，清查煙肆，特製戒菸丸，廣設戒菸會，責成紳董勸導，嚴禁官員吸食，商禁洋藥進口。所有禁煙事宜，釐然並舉。西太后且嗜吸鴉片，為禁令所不能及，奈何？

在朝的大員，整日研究法治，期挽時艱。在野的革命黨，偏聲東擊西，聲西擊東，越發來的利害。適值江西萍鄉縣鬧荒，革命黨伏處湖南瀏陽縣，聞這訊息，遂暗中與萍鄉通線，叫他起事。萍鄉礦土居然發難，瞎鬧了一會子，卒被官軍擊敗。瀏陽的革命黨，正擬到江西接應，一聞敗耗，料知不能成功，也潛蹤遁去。西太后因黨人時發，頗加憂憒，左思右想，定了一個計策，便召進慶王奕劻，擬升孔子為大祀。奕劻莫明其故，又不好細問，便應聲出來。翌日，即降下一道諭旨，略稱孔子至聖，德配天地，萬世師表，允宜升為大祀，以昭隆重等語。看官試想！清廷正在取法外洋，籌備新政，為什麼把至聖先師抬將出來，特別崇隆？這是西太后因孔聖微言，多主尊君，革命黨輒懷無君主義。若舉孔子去壓革命黨，庶幾人心免致煽惑，革命黨孤立無援，自然失敗。這也是無策中的一策呢。孔子非全然尊君，禮運大同之說可以取鑒，且僅僅升為大祀，寧即能變易人心耶？

流光如駛，忽又是光緒三十三年新春。正月間照例慶賀，粉飾承平，恰也無事可述。二月間亦無甚變故，只死了郵傳部尚書張百熙，少了一位通達時務的大臣，卹典從優，予諡文達。毋庸細表。到三月間，改奉天將軍為東三省總督，將民政部尚書徐世昌簡放出去，命他實行新官制。奉天、吉林、黑龍江各設巡撫。奉撫特授唐紹儀，吉撫令朱家寶署理，黑撫令段芝貴署理。朝廷用人，自有微權，那個敢去私測。就清廷諭旨作詞採，煞是得趣。

不意未及一月，竟由河南道監察御史趙啟霖，奏參疆臣夤緣親貴，引起一樁倚紅偎翠的公案來。這被參的疆臣，便是署黑龍江巡撫段芝貴。芝貴本是直隸道員，相傳慶王長兒振貝子，曾奉旨查辦東三省事件。公畢回京，道出天津，少年公子性喜冶遊，聞津沽素多歌妓，也思一去評賞。此時段道員正在天津，遂與振貝子同去聽劇。遊覽了幾個戲場，聲色技藝，不過爾爾。振貝子擬起程回京，段道員恰雅意留賓，並陪至天仙園再行看戲。起初演了幾齣，也屬平常，後來見一花旦登場，唱了一聲梆子腔，已是清脆絕倫，到了臺前，身材兒很是娉婷，面龐兒更加齊整，花不足喻其豔，玉不足比其潔。這道神采射將過來，幾乎把振貝子魂靈兒都攝將過去。人少慕少艾，吾於振貝子無怪焉。及看到俏眼傳情，柔聲作態的時候，不由的拍案道：「顛不剌的見了萬千，這般可喜娘罕曾見。」段道員聞了這語，料知振貝子已是中意，便道：「這個便叫楊翠喜，乃是津門第一歌妓。」大名鼎鼎。振貝子道：「果然名不虛傳。」至翠喜下場，後來登臺的女伶，就使有相像臺步，恰沒有相像歌喉，就使有相像歌喉，總沒有相像美貌。振貝子又語段道員道：「曾經滄海難為水，除卻巫山不是雲。我們去吧。」兩人相偕趨出。路上猶想像楊翠喜豐神，彷彿國色天香，歷歷在目。既至段寓，就展衾高臥。一時竟睡不著，到朦朧睡去，好似身在戲園中，領略美人顏色。此謂之寤寐思服，輾搏反側。正在高聲喝采，猛聞一聲雞鳴，把睡魔兒驅逐，才覺得身在客邸，一榻孤眠。俄而紅日三竿，方慢騰騰起床，盥洗茗點，不勞細說。上午與段道員談論楊妓籍貫，方知是直隸北通州人，家貧落溷，轉鬻歌樓。那楊妓生就一副珠喉，更兼姿性敏慧，所有彈詞、歌曲，一學即成。旋復嫻習花旦，妖容媚態，冠絕一時。津人愛看花旦戲，其時有協盛茶園，迎合人情，遂慫恿楊妓登臺。引吭一唱，靡靡動人，一班戲迷子弟，無不稱賞。不是戲迷，實是色迷。楊妓因戲界趨重梆子腔，復隨時變通，學成一口好梆子。天仙茶園班主，遂重價聘請，月出包銀八百金。一登龍門，聲價十倍，那時楊翠喜三個大字，幾已傳遍津門，有目共知，有耳共聞了。下午又偕段道員同去聽戲，越看越美，越聽越嬌，恨不得即日取來，貯以金屋。段道員瞧透情形，有心迎合，便向振貝子密談數語，樂得振貝子歡動顏開，大加感激。翌日回京復旨，臨行時，猶殷殷囑託段道員。段道員滿口應允，才登車返京。嗣因官制新更，載振任農工商部尚書。父子弄權，聲勢赫耀，京內外人員，但教得他父子垂青，無不立躋顯要。振貝子指揮如意，令出必行。只與段道員所結密約，尚無佳音，未免生了觖望。正擬致書詰責，適接到天津來電，照碼譯出，乃是段道員飭送楊翠喜來京，歡喜得不可名狀。忙遣心腹訂定某旅館作為楊美人行轅，並飭至車站歡迎。是晚，楊美人已至京邸，振貝子早待行轅。一見了面，似曾相識，軟語纏綿。當下擺酒接風，對坐小酌。一個是眉挑目語，賣弄風騷，一個是心醉神迷，竭情繾綣。酒酣添興，耳鬢廝磨，就借行轅作為舞台，配演幾齣枕頭戲。郎貪女愛，我我卿卿，為這一宵恩愛，方了這數月相思。一過數日，便納入邸中。可巧慶王壽辰，段道員又送了一份厚禮，差不多有十萬金。此施彼報，禮尚往來。頓時，恩旨下來，擢段道員為布政使，升署黑龍江巡撫。

偏這趙御史喜事生風，竟拜本奏參。奉旨將段署撫撤去職銜，派醇親王載灃、大學士孫家鼐切實查明。載灃系慶王的侄兒，孫家鼐系慶王老友，那有不庇護之理。兩人聯銜復奏，把楊翠喜當作王家使女，說他揑詞參劾，任意誣衊等語。於是抗直不阿的趙御史，竟掛吏議，奉諭革職。趙御史也沒有什麼怨詞，言官卻為他受屈，頓時大嘩。慶王奕劻未免不安，乃令振貝子上書辭職。西太后初尚不允，經慶王入官面懇，才將振貝子開去御前大臣，領侍衛內大臣，及農工商部尚書等缺，默示通融。無如一班臺官，還是你一本，我一折，請西太后曲恕直臣。西太后批駁下來，臺官雖無可奈何，總不免嘖有煩言。過了兩月，方奉旨復趙御史職，慈恩總算高厚了。獨慶親王奕劻，面子上雖似優待言官，心中卻很是不悅。暗想大學士瞿鴻禨，與趙御史同籍湖南，趙御史敢來參劾，恐怕是老瞿授意。自古說道，明槍易躲，暗箭難防，瞿中堂全未提防，慶親王已設陷阱。湊巧郵傳部侍郎朱寶奎，被尚書岑春煊劾罷。寶奎是奕劻心腹，奕劻那肯干休，竟哄動西太后出春煊為兩廣總督。曾廣銓謀接寶奎遺缺，運動老瞿，老瞿轉向老慶關說，老慶不允，又薦為順天府尹，也被老慶中阻。不顧賢否，專徇情弊，老慶固不足責，老瞿亦屬不合。廣銓恨甚，竟至中外報館中登出一段新聞，無非說老慶貪賂納賄，賣官鬻爵。這訊息傳入老慶耳中，老慶如何不憤，一面上書奏懇，願開去各項要差，一面陰嗾學士惲毓鼎，令劾瞿鴻禨授意言官、暗通報館、陰結黨援、分布黨羽四大罪。西太后也知慶、瞿暗哄，只倚任老瞿，總不如倚任老慶，右滿左漢，莫能為諱。遂下旨慰留慶王，並命孫家鼐、鐵良查辦老瞿事件。孫相索來見好慶王，自然把老瞿指摘一番，與鐵良會銜復奏。西太后因平時眷注老瞿，至此亦不欲深究，只著令開缺回籍，了卻一件公案。王文韶見老瞿被逐，未免存了兔死狐悲的思想，且由老病纏綿，即上奏乞休。得旨俞允，他卻整裝回杭，安享晚福去了。庸庸者多厚福。

不料皖江大起風潮，安徽巡撫恩銘，被候補道員徐錫麟刺斃。錫麟系浙江紹興人，向與同志設光復會，共謀革命。他因無可下手，竟想了一法，醵資捐一道員，指發安徽。到省稟到，恩撫委他辦陸軍小學堂，嗣又令為警察總辦。錫麟朝夕勤劬，很得恩撫器重。會值學堂將放暑假，有幾個陸軍學生，屆期畢業，校中行畢業禮，由恩撫親自驗閱。甫就坐，槍機一發，彈洞恩胸。恩撫當即暈倒，左右護軍忙將恩撫負出，頓時秩序大亂。錫麟率了黨人陳伯平、馬宗漢趨占軍械所。官兵奉藩司馮煦命，統來圍攻。彼此轟擊多時，陳伯平中彈殞命，馬宗漢受傷被擒，錫麟逃匿鄰近，也被官兵搜獲。至督練公所，審訊一堂，錫麟直認不諱。當由馮煦電達京師，請旨辦理。

西太后勃然大怒，立飭就地正法，並剖心致祭恩撫。凌遲梟首等刑已經除去，如何還要剖心？馬宗漢一同就戮。那時浙江巡撫張曾敭，迎合政府，忙飭紹興府貴福，查抄徐氏家屬。貴福特別巴結，不但將徐氏家產抄沒入官，並查得女士秋瑾，與徐氏有中表親，向亦通好錫麟，密謀革命。竟把她拿入府署，勒令實供。秋女士曾遊學東洋，夙耽文墨，就訊時，書了「秋雨秋風愁煞人」七字。貴福便當作供據，電稟張撫，請就地處決。張撫覆電准請。可憐這位秋女士，也被綁至紹城軒亭口，俯首就刑。

自恩撫被刺後，清廷親貴，異常震悚。就是西太后也懊悶不已，沒奈何命內外各衙門，妥議化除滿漢畛域。又令汪大燮、於式枚、達壽分赴英、德、日本，考察憲政，決計實行立憲，挽回人心。隨派溥倫、孫家鼐為資政院總裁，沈家本、俞廉三、英端充修訂法律大臣，與禮部匯訂滿漢通行禮制。沈家本系中外刑律專門名家，時論尚稱得人。只溥倫是親貴少年，年止二十餘，驟長資政院，輿情多不滿望。仍不脫右滿宗旨。

會浙江為爭路事，又起風潮。先是滬杭甬鐵路與英國訂立草合約，歸英人承修。蘇、浙紳商不服，嚴拒外款，願出本省籌款自辦。經郵傳部侍郎盛宣懷諮照英使，請廢前時草約。英使不允。兩省紳商，益加義憤，各舉代表到京，堅請政府拒絕外資。嗣經政府通融辦法，分辦路、借款為兩事，路由本省人民自造，不足則再貸英金。爭路事乃少息。

朝旨再命各省創辦諮議局，設立調查局，各部院均置統計處，新政迭行。奈革命黨氣焰越張，排滿的風聲越盛。上不以誠示下，下誰以誠應上。廣西邊徼的鎮南關，又被孫文、黃興等合攻，奪去右輔山炮臺三座，險些兒把關陷落。還虧官軍聞風大集，一陣擊退黨人，才得保全雄關。革命黨心終未死，仍向日本購運大批軍火，陰圖兩粵。事被粵東水師提督李準聞知，立遣寶璧兵輪管帶吳敬榮，在粵海邏察。吳管帶留意偵查，到光緒三十四年春季，果見有日本船一艘，名叫二辰丸，停泊海口，起卸貨物，形跡可疑。向他盤詰，該船主傲然不理。吳管帶上船搜檢，確有軍火裝載，又沒有準單，便將他扣住，帶回虎門。一面電告外務部，一面按照海關會審章程，請駐粵日領事，前來會審。日領事不允，由外務部與日使交涉。日使越來得強硬，幾致決裂。外務部力屈計窮，只好命釋放二辰丸，謝罪懲官，並將扣留軍火，備價購取，才得了結。弱國如此，可憐可嘆。革命黨人黃興復在雲南起事，占據河口、南溪等處，終以軍火不繼，敗投海外。

清廷防不勝防，專從立憲上著想，特設憲政編查館，編定憲法大綱，於籌備立憲事宜，分九年進行，又訂就議院法、選舉法，頒示中外。在下尚記得當時的諭旨道：

朕欽奉慈禧端佑康頤昭豫莊誠壽恭欽獻崇熙皇太后懿旨：憲政編查館、資政院王大臣奕劻、溥倫等會奏，進呈憲法、議院選舉各綱要，暨議院未開以前，逐年應行籌備事宜一折。現值國勢積弱，事變紛乘，非朝野同心，不足以圖存立，非紀綱整肅，不足以保治安，非官民交勉，互相匡正，不足以促進步而收實效。該王大臣等所擬憲法暨議院選舉各綱要，條理詳密，許可權分明，兼採列邦之良規，無違中國之禮教。要不外乎前次迭降明諭，大權統於朝廷，庶政公諸輿論之宗旨。將來編纂憲法暨議院選舉各法，即以此作為準則。所有許可權，悉應固守，勿得稍有侵越。其憲法未頒、議院未開以前，悉遵現行制度，靜候朝廷次第籌辦，如期施行。至單開應行籌備事宜，均屬立憲國應有之要政，必須秉公認真，次第推行。著該館院將此項清單，附於此次所降諭旨之後，刊印謄黃，呈請蓋用御寶，分發在京各衙門，在外各督撫府尹司道，敬謹懸掛堂上。即責成內外臣工，遵照單開各節，依限舉辦，每屆六個月，將籌辦成績，臚列奏聞。並著該館院王大臣切實考核，在京言路諸臣留心察訪。倘有逾限不辦，或陽奉陰違，或有名無實，均得指名據實糾參，定按溺職例議處。該王大臣等若敢扶同諱飾，貽誤國事，朝廷亦絕不寬假。當此危急存亡之秋，內外臣工，同受國恩，均當警覺沉迷，破除積習。如仍泄沓坐誤，豈復尚有天良？天良汩亡久矣。該館院王大臣休戚相關，任寄尤重，倘竟因循瞻庇，詎能無疚神明，總教祿位穩固，金錢堆積，管什麼負疚不負疚！所有人民應行練習自治、教育各事宜。在京由該管衙門，在外由各督撫，督飭各屬隨時催辦，勿任耽延。至開設議院，應以逐年籌備各事辦理完竣為期。自本年起，務在第九年內，將各項籌備時宜，一律辦齊。屆時即行頒布欽定憲法，並頒布召集議院之詔。凡我臣民，皆應淬礪精神，贊成郅治。如有不靖之徒，附會名義，藉端構煽，或躁妄生事，紊亂秩序，朝廷唯有執法懲儆，斷不能任其妨害治安。總期國勢日臻鞏固，民生永保承平，上慰宗廟社稷之靈，下答薄海人民之望。將此通諭知之。欽此！

這諭下後，又命蔭昌、端方巡閱江南、湖北的陸軍會操，借示軍威。文治、武備，一律舉辦，總道是變法維新，可以扶衰起弱。誰料人心已去，天意難回。是年七月二十一日，忽有大星從西北來，掠過殿角，其聲若雷，尾長數十丈，光爍爍照廡楹，都下竟稱為怪事。小子有詩詠道：

潛龍韜晦已多年，母悍妻驕孰我憐。
天上紫微星忽隕，孱皇劫盡促登仙。

畢竟星象主何應兆，俟小子下回敘明。

本回隨事鋪敘，宗旨在濫用親貴，空談憲政。慶王奕劻，貪贓骫法，興國不足，亡國有餘，其子載振，少年漁色，乃任以管轄部務，督辦實業。彼一紈褲子弟耳，寧能知農工商事者？以此而欲立憲，何異問道於盲。吾聞徐錫麟供詞，謂越立憲的快，越革命的快。夫清廷果真心立憲，則為人任官，為官擇人，開誠布公，選賢與能，天下不難治，革命黨何自而起？徐烈士之言，尚系一偏之論。故吾謂清室之亡，亡於偽立憲，有偽立憲，乃有真革命。西太后造成此果，乃先時謝世，不及見清室之墟，老嫗其猶為有福歟？

望龍髯瀛臺留恨　回鑾馭塵夢告終

卻說大星隕落以後，都中人士，喧傳紫微星下墜，定主不祥。過了數日，果下詔徵求名醫，診視帝病。應徵醫士，診脈出來，都說帝病已劇，不易療治。此番是成真病。其實光緒帝是因憂致疾，因疾成癆。看似每日起床，那龍體已逐漸尪瘠。秋風一起，病勢益增，咯血、遺精諸症，雜沓而來，眼見是不可救藥了。

可巧達賴喇嘛，自庫倫至西寧，上表請入朝。他前時為英兵所逼，逃入庫倫，經侍郎唐紹儀入藏，與英人改訂藏印條約，藏境少寧。達賴感念清德，遂乘便齎表，願覲天顏。西太后覽表後，非常歡喜，立准入覲。獨李蓮英諫阻道，皇帝與活佛，不便同居一城，請老佛爺收回成命。西太后驚問道：「此說從何而來？」李蓮英道：「京中向有此說，若皇帝、活佛同城，必有一人不利。」蓮英此言，似乎顧著光緒帝，吾意以為未然。西太后冷笑道：「皇帝也病得長久了。多日不死，難道活佛一到，便死了不成？」只教自己長命延壽，管什麼皇帝。蓮英知難再阻，嘿然而退。西太后便命達賴入朝，沿途令地方官優禮接待。嗣聞達賴將到京師，又飭親王大臣出城迎勞。各處供張，大約花費了數百萬金。京內人民因活佛到來，鹹去瞻仰。至瞧見後，也並沒有什麼希罕，不過一個禿頭和尚，穿著一件黃袈裟，戴著一頂毗盧帽，手攜錫杖乘輿而至。見橐駝言馬腫背，中國人心大都如此。既入京，賜居雍和宮。達賴所攜貢品，恰也不少，即轉託親王進呈，滿望西太后待以殊禮。誰知西太后援著成例，仍要達賴行磕頭禮，達賴不允。兩下里爭辯多日，後來商定達賴入朝，叩頭如舊，唯太后及皇帝，起立相答，並賜旁坐。於是擇日陛見。達賴上殿，勉強跪叩，光緒帝時已病劇，沒奈何欠身離座，西太后恰和顏悅色，極表歡迎。既命達賴坐定旁邊藤榻，便略略慰問數語，即要達賴替祝長生。老而不死，有何益處。達賴應命而出。旋蒙特旨，賜達賴為誠順贊化西天大善自在佛。

且因西太后生日將到，令他虔誠唪經，暫留宮內。京內漸起謠言，統說活佛留京，不是活佛有礙，定是帝座遭災。從前康熙朝班禪入覲，出痘身亡；雍正朝達賴來朝，世宗駕崩；到嘉慶朝上皇賓天，正值班禪到京的時候。大家援古證今，好似持之有故，言之成理。想是李蓮英授意。明眼人本不甚相信，偏這謠言發生之後，恰有奇驗。這也是自古到今無可索解的事情。達賴在宮誦經，光緒帝的病勢，正日重一日。到了十月初旬，西太后萬壽期近，宮廷內外，盛行慶祝禮，連都城街市，也裝飾一新。宮內設一特別戲場，演戲五天，王公以下概賜聽戲。達賴亦蒙召與座。初十日黎明，文武百官，齊集燻風門外，恭候叩祝。光緒帝也倚著宮監兩肩，一步一欷，一欷一呻，自南海彳亍而來。至德昌門，門已微啟，侍班官窺望帝蹤，遙見光緒帝連聲喘息，並以兩足起落作勢，自舒筋骨，為拜跪計。可憐。迨太后御殿，光緒帝正思進去，忽由李總管傳出懿旨，略謂皇帝病體未癒，免率百官行禮，並命乘輿返南海。帝奉旨不禁淚落，隨即上輿自去。王大臣等相率進謁，達賴亦隨班祝嘏。禮畢，賜達賴及諸王公宴。西太后很是高興，到了下午，尚親遊南苑，泛舟湖中。此時德菱母女，早乞假出宮，帶過一筆，結束前文。只后妃福晉等人，隨著太后，容與波中。太后異想天開，命宮監取了古裝服飾，選著幾個年輕命婦，扮做龍女，最小的扮做善男童子，自己扮觀音大士，著李蓮英扮韋馱，從湖中拍一小影，留作紀念。不啻泡影。日暮歸來，遙望殘霞四散，斜日半昏，不覺嗟嘆，顧著后妃人等道：「今歲壽辰猶得同汝等一遊，明年今日不知如何情景哩？」瑾妃起立道：「老佛爺晚福正隆，將來壽享期頤，未可限量。婢子輩亦得叨庇無窮。」瑾妃不死，賴有詞令。西太后微笑道：「人生七十古來稀，我年已七旬有三了。艱難險阻，我已備嘗，但得安然坐逝，我亦瞑目了。」汲汲顧景，宜乎不永。言下黯然。

返宮之夕，即染痢疾。想是酒食過量所致。翌晨起來，稍覺精神困頓。但平素本是好勝，且自恃身體堅強，卻也不以為意，仍照常視事。過了兩三天，痢疾如故。召醫服藥，並未見效。老年人最忌瀉疾。本來鴉片亦可療瀉，偏西太后加倍服著，也是不靈。瀉了一星期，豐容廣額的老壽母，也變作瘦骨柴立的老病婦了。一日晚間，不知聽了誰人的讒言，大加震怒。宮眷們不敢過問，只李蓮英默探訊息，從旁解勸。恩眷未衰，只他一人。西太后憤憤道：「那不孝的兒子，聞我病痢，竟有喜色，這真是始終不變的逆腸。我雖病，當不致先他死，他休痴想。」蓮英聞旨，料知是說著光緒帝，也覺嘿然。次日西太后亦病倒了。光緒帝久不視朝，西太后亦難御殿，王大臣等未免憂心。達賴獨呈上佛像一尊，奏稱可鎮壓不祥，應速送至太后萬年吉地，以冀慈壽日增云云。西太后很是欣慰。為這一喜，病都減了數分。

翌晨復出臨朝，召見大臣如常。命慶王奕劻，速將佛像送往陵寢，敬謹安置。奕劻猶豫未決。西太后問他何故遲疑？奕劻直奏道：「慈躬現值違和，皇上亦曾抱恙。如何是好？」西太后道：「這幾天內，我未必就會死。我現在已覺得好些了，無論怎樣你照我的話辦理就是。」奕劻不便再言，才奉了佛像，即日往普陀峪，到西太后壽宮前去了。又越日，直隸提學使傅增湘，陛辭請訓。西太后召見於瀛臺，光緒帝亦抱病臨座。傳提學入內叩首。西太后諭道：「你去視學，切戒學子浮囂。近來一般學生，好談革命，風氣大壞。你須極力勸導，挽救頹風才好。」傅提學遵旨退出。傳去後，復召醫生四人，入診帝病。彼此悉心參酌，擬定一方，不料飲將下去，病且加重。西太后也於是日夜間，瀉了好幾次。

越宿天明，王大臣等入朝，只見禁門裡面添著兵衛，嚴查出入，伺察非常。大家不勝詫異。俄有數宮監出來，由王大臣等探問訊息，據言出去淨發。王大臣驚問道：「宮中有什麼事情？」宮監悄語道：「兩宮病甚。皇上更不得了。今日是罷朝哩。」王大臣等將信將疑，姑入朝房靜候訊息。未幾果傳旨輟朝。大眾商議道：「倘有意外變故，那個敢擔重任。看來不如電達慶王，請他速即返京，好決大計。」必需此老何為？議既定，立即擬定電碼，飭人發電，大眾始分道歸去。候至次日，幸沒有什麼耗聞。至午牌時候，慶王奕劻已經趕到，王大臣等接著，便與他談著宮中狀況，不知吉凶究竟。慶王道：「待我入宮，自有訊息。」慶王進去約一小時，即由內監傳著懿旨，宣召醇王載灃、暨軍機大臣袁世凱、張之洞、鹿傳霖、世續等入見。載灃以下奉命至寧壽宮，見西太后已出御寶座，慶王奕劻在側。大家跪請慈安。西太后朗聲道：「我看皇帝的病已大漸了。現時只好照皇帝即位的上諭，為同治皇帝立嗣，我意中已是有人了，但想跟你們商量，看你們是否同意？」慶王跪奏道：「溥倫年齡最長，且系宣宗成皇帝長支傳下，理應嗣立。」西太后只是搖頭。慶王復奏道：「其次莫如恭王溥偉。」老慶此奏恰是合理。西太后仍搖首不答，載灃亦下跪道：「慶王爺的奏語，請老祖宗採擇。」西太后道：「你不記得你丈人榮祿的功勞麼？庚子一役，虧他保護使館，極力維持。我所以將他女兒與你指婚，今幸生了二子，長子溥儀，應入為嗣君，報你丈人一生的忠悃。」載灃碰頭道，「溥儀年僅四齡，不足勝任。懇老祖宗另擇親賢。」西太后沉著臉道：「我意已定，不必另擇。」專立幼主，企尚欲永久臨朝耶！復問軍機大臣道：「你等以為是否？」袁世凱等唯唯遵旨。西太后復諭載灃道：「溥儀年幼，你可為監國攝政王。國初曾有攝政王儀制，不妨援行。」以攝政興，以攝政亡，大造真巧於播弄。載灃不敢固辭，方碰頭謝恩。西太后又顧慶王道：「你去述與皇上知道。」慶王奉命去訖。西太后又令軍機大臣擬旨，立溥儀為大阿哥，醇王載灃監國，當日頒發，並命載澄送溥儀夤夜入宮。大家叩頭告退。

時慶王已至瀛臺，由老太監匯入，趨近御榻前。只見光緒帝沉沉睡著，面目黯淡無光，呼吸之間，只覺出氣多。進氣少，寢側也沒有什麼妃嬪，連皇后也不曾侍著。慶王瞧這情形，也不禁淒然垂淚。看官聽著！光緒帝與皇后，本是不甚和協。戊戌後因居瀛臺，皇后且承西太后諄囑，居了監察位置，督責皇帝，兩下里益覺參商。某日帝、後爭論起來，鬧動光緒帝性子，揪著皇后髮髻，竟要下手動蠻。虧得宮監們從旁排解，方才罷休。唯皇后的玉簪兒已墮地敲碎。便是分離之兆。此簪系乾隆朝遺物，光彩瑩瑩，實是希世奇寶。無端敲斷，皇后懊悵異常，竟奔至西太后前哭訴。西太后教她移居別室，免再淘氣。自此帝、後幾同離異。就是光緒帝罹病，皇后也不甚顧著。況兼太后同時抱恙，自然陪著太后要緊。慶王越看越悲，竟泣涕有聲。不意光緒帝竟猛然驚醒，睜起雙目，向慶王瞧著。慶王忙向前請安。光緒帝氣喘吁吁道：「難得你來看我，我病已不起了。」說了兩語，喉中已是哽噎，撲簌簌的流下淚來。慶王勉強勸慰。光緒帝喘住了氣，又道：「年將四十，後嗣尚虛，意欲請太后另立嗣子，仰承宗祧。」慶王才述及立溥儀事。光緒帝道：「時事多艱，何不擇立長君？但太后有命，不可少違。」言下非常酸楚。慶王道：「已命醇王載灃為攝政王。」光緒帝稍有喜色道：「這且很好。唯他何不進來一談，半生手足恐要長別了。」慘語更不忍聞。慶王道：「他正奉召至慈寧宮，想奏對後定當謁見皇上。」光緒帝道：「你快去與他談及，我命在旦夕，叫他進來，我有話說。」慶王方應聲退出，轉至慈寧宮。

正值載灃出來，遂把光緒帝所囑，略述一遍。載灃忙趨至瀛臺，途中遇著御醫，即問帝狀如何？御醫言帝鼻煽動，胃中隆起，皆非佳象。載灃不待說畢，踉蹌自去。既入帝寢室，藥爐煙燼，御案塵封，侍奉左右，不過兩三個老太監。睹此情形，忍不住心中淒楚。名為皇帝，不及庶民。迨揭帳，光緒帝正仰面臥著，形容已憔瘦不堪，鼻煽唇開，眼光也是散淡，只圓睜睜地望著。見了載灃，便道：「你來了麼？你子已選為嗣皇，我死亦足瞑目。唯我即位三十餘年，受盡苦楚，你亦應有些知曉。我也自覺命苦，無所怨恨。所恨戊戌政變，有一人口是心非，壞我大事。你當國後，須念及你兄被欺，為我雪恨。我在泉下，也感念你了。」載灃應了幾個「是」字。光緒帝道：「你知道那人麼？」載灃復應聲稱「是」。光緒帝又道：「嗣子溥儀曾已入宮否？」載灃道：「應即去送入。」光緒帝道：「現在是什麼時候？」載灃道：「差不多要日暮哩。」光緒帝道：「太后病狀亦不知怎麼樣？皇后妃嬪也無暇顧我。總之為兄命薄，尚有何言？你年力正強，國家事賴你支援，所囑託的言語，幸勿忘懷。你有事去吧！」看官你道光緒帝的囑咐，為著何事？便是那年通報榮祿的袁世凱。他經西太后重用擢任軍機大臣。至兩宮崩後，攝政王即令他開缺回籍，無非遵著遺囑。不料日後的清室江山，又喪掉老袁手中。這恐是命數使然呢！袁之不能成功，被逼而死，想亦因其中受譴耳？且說載灃既退出瀛臺，又去奏報西太后，說是帝病甚劇，西太后即命去挈溥儀。自己帶領后妃等人至瀛臺視帝一次，自覺身體欠安，匆匆退出，就在西苑暫住。后妃等亦隨駕出來。此時載灃夫婦已送溥儀至西苑，命向太后前行禮。溥儀依著他娘腋下，不肯上前，促他跪叩，反嚎啕大哭。與光緒帝入宮時另一敘法，但總是不祥之兆。嗣經西太后賜與果餌等物，才有些轉悲為喜。載灃教他磕頭，乃匍匐叩首。繼復叩見后妃。皇后扶起溥儀，將他抱入懷中。正在撫弄，忽有宮監奔入報稱：皇帝不好了。皇后急將溥儀放下，與瑾妃等趨至瀛臺。一入寢宮，光緒帝已經賓天，目炯炯的挺著在龍床上，不由得放聲大哭。瑾妃亦哭了一場。嗣有李蓮英進來，皇后令他返奏太后。太后聞皇帝駕崩，即召慶王奕劻等入內，恭擬遺詔。略稱：朕躬氣血素弱，自去秋不豫，醫治罔效。陰陽俱虧，以致彌留。茲奉皇太后懿旨，以攝政王載灃子溥儀入承大統，為嗣皇帝等語。擬定後，呈上慈覽。西太后也不多言，隨命頒發。獨慶王奕劻跪奏道：「嗣皇帝應繼何人？」西太后道：「這也何必絮問，自然是承繼穆宗了。」奕劻復道：「大行皇帝亦未有嗣子，例應由嗣皇帝兼祧。」西太后嘿然不答，面上帶有怒容。奕劻又碰頭道：「今日士大夫中，難保不有第二個吳可讀。若再上書瀆奏，那時如何對付。」老慶此舉總算對得住光緒帝。西太后沉吟一回，方道：「由你吧，你去照此擬旨便是。」奕劻乃復令軍機擬旨，以嗣皇帝溥儀承繼穆宗毅皇帝為嗣，兼承大行皇帝之祧。這道懿旨擬定，即有人報知皇后。皇后很是感念。因此溥儀嗣統後，老慶權勢愈隆。這是後話。

單說西太后既頒了各諭，覆命李蓮英往瀛臺，準備吉轎，載帝屍回宮，自己方入寢室休息。蓮英到瀛臺後，天色漸明。是日已是十月二十二日。把吉祥轎扛入御寢，載好帝屍，出西苑門。皇后披髮送喪，瑾妃等亦隨著。李蓮英領著太監，執香隨後，淒淒切切的入西華門。直至乾清宮，日色迷濛，差不多是巳牌了。王大臣等統去哭臨。禮臣趕備殮具。正擬辦理殮祭儀制，有西苑侍監倉皇奔至，口稱：「老佛爺暈去了。」比報光緒帝病危時，尤為迫切。皇后聽著，魂飛天外，慌忙趨出，一面走一面籠挽散發，皇后情形，亦與昨日不同。至西華門，才乘輿赴西苑。瑾妃等亦相率隨去。王大臣都出投西苑，單剩了一個帝屍，委臥殿中。李蓮英亦起身欲行，轉語小太監道：「大行皇帝不便長此擺著，應先殮了吧。」蓮英去訖，小太監就此動手，草草的將帝屍殮好，納入梓宮。滿清舊例，皇帝即位數年，便營壽域，獨光緒帝的吉壤，並未提起。後來急不暇擇，便把西陵附近的絕龍峪，作為陵寢。絕龍名目不佳，擬改名九龍。又因清自世祖至光緒帝，歷世凡九，幾疑終數，又復改稱金龍。其實國家興亡，半由天命，半由人事，徒然改易名稱，有何益處。扼要之言。話休敘煩。

且表西太后於二十二日卯刻，本已起床，早餐後，雖覺得頭暈目眩，總還支撐得定，召見軍機王大臣，談論新帝登基的儀典，及慶祝尊號的禮制，並籌備監國授職禮，約商榷了兩小時，才諭軍機暫退，自返寢室休息。不料一陣昏暈，竟致僕地。慌得宮監攙扶不迭，忙向地上扛著慈體，移到床上，或搥摩，或呼叫，忙亂了好幾刻，方見西太后甦醒轉來。隨命宮監速召光緒皇后與攝政王載灃及軍機王大臣等齊集。皇后踉蹌先至，載灃等亦即趨到。西太后即語載灃道：「所擬定的尊號已下諭否？」載灃奏稱：「尊太后為太皇太后，兼祧母后為皇太后，已有明諭頒發。」西太后道：「我頭暈得很，險些兒中風。現雖醒轉，身子很是不寧，脫有不諱，一切國政統應交你理值，或遇事體重大，可稟詢皇后。你亦可去擬諭才是。」光緒後從旁插口道：「老祖宗須自保重，千萬不要……」說到要字，竟嗚嗚咽咽地哭起來了。西太后道：「我與你前為姑侄，今為姑婦，也極望管你數年。可奈天下無不散的筵席，人間無不死的金丹。我欲生存，天偏不允你，不看見寢門左右已有人喚我麼？」語帶鬼氣，性命休了。說著，把首搖了數搖，又暈厥過去。皇后等連忙呼著，不聞答應。那時西太后的神魂，已出離軀殼，似乎隨著一個古裝侍女，趨出西苑。苑門以外，別有一天。約行了裡許，即見有嫏嬛福地，彷彿曾經到過。既而步入仙闕，由侍女入內通報。戶闢簾開，有數仙姝出來相迓，各吐著清聲道：「國母來了，塵世間的趣味如何？」西太后望將過去，多是面善得很，便答道：「好幾年不見了，諸位想統安好？」有兩個麗姝嗤然道；「我輩是靜處幽鄉，不及你塵寰享福，什麼西苑，什麼南海，什麼萬牲園，什麼頤和園，由你隨處遊覽。醉生夢死的五六十年，你的威風也算使盡了，你的榮華也好享足了，我輩慚愧得多哩。」西太后道：「那裡說來，我的安樂雖是不少，我的患難恰也很多。」麗姝復笑道：「區區患難值得什麼，你是應著滿清的數，要你去幹一下子，好教覆清興漢。現在清室已將亡了，你的功恰也不小。」說至此，舉起纖手，拍西太后胸前道：「你難道還塵夢未醒麼？」西太后猛叫一聲，只聽得眾聲嘈雜道：「好了！好了！」恐怕未必。啟目外視，方知此身尚在西苑，唾了一口痰，復回憶夢境，如在目前。以夢起，仍以夢結，首尾如率然相應。自知病必不起，遂命軍機大臣草擬遺詔。軍機奉旨屬稿，不一時擬定上呈。西太后尚親自過目，並諭以某處應改，某處應加入一二語。囑咐畢，不覺痰壅氣喘，又閉目靜養了一歇。眾人還道她從此歸天，不意她復展目四瞧。見奕劻、載灃在旁，便諭道：「我臨朝三次，實是出於不得已。以後勿再使婦人預政，有違祖制。尤不得令太監擅權，明末覆轍可為殷鑒。」西太后至此才覺悔悟了。語罷復瞑，未幾鼻息沉寂，面色轉變。一代威靈煊赫的老太后，竟爾西歸。大眾照例哭臨。皇后、攝政王尤覺悲切，宮監中只有李蓮英格悽慘。是晚小殮，也由西苑移入禁中。當即頒發西太后遺詔道：

予以薄德，祗承文宗顯皇帝冊，命備位宮闈。迨穆宗毅皇帝沖年嗣統，適當寇亂未平、討伐方殷之際，時則發捻交訌，回苗俶擾，海疆多故，民生凋敝，滿目瘡痍。予與孝貞顯皇后同心撫視，夙夜憂勞，秉承文宗顯皇帝遺謨，策勵內外臣工，暨各路統兵大臣，指授機宜，勤求治理，任賢納諫，救災恤民，遂得仰承天庥，削平大難，轉危為安。及穆宗毅皇帝即世，今大行皇帝入嗣大統。時事愈艱，民生愈困，內憂外患，紛至沓來，不得不再行訓政。前年宣布預備立憲詔書，本年頒示預備立憲年限。萬幾待理，心力俱殫，幸予氣體素強，尚可支援。不期本年夏秋以來，時有不適，政務殷繁，無從靜攝，眠食失宜，遷延日久，精力漸憊，尤未敢一日暇逸。本月二十一日，復遭大行皇帝之喪，悲從中來，不能自克，以致病勢增劇，遂致彌留。回念五十年來，憂患迭經，兢業之心，無時或釋。今舉行新政，漸有端倪。嗣皇帝方在沖齡，正資啟迪，攝政王及內外諸臣，尚其協心翊贊，固我邦基。嗣皇帝以國事為重，尤宜勉節哀思，孜孜典學。他日光大前謨，有厚望焉。喪服二十七日而除。布告天下，咸使聞知。

越日，嗣皇帝溥儀即位，以明年為宣統元年。溥儀登極時，又是哭泣不休。王大臣稱他孝思，都人士已識不祥。尋復上光緒帝廟號，叫做德宗，上太皇太后尊謚，叫做孝欽，光緒皇后的徽號，叫做隆裕皇太后。監國攝政王禮節，亦一一制定。一朝天子一朝臣，又另是一番氣象了。在下單述西太后事，便好就此收場。只宣統即位以後，僅僅三年，武昌革命，全國響應，好一座錦繡江山，完全退讓。後人還記念西太后，說她老人家如尚在世，定不至這麼迅速。那裡曉得禍因惡果，已自西太后造成，葉赫亡清的讖語，偏偏應著。這個道理，煞是難解。據心理學講來，乃是暗示的作用，小子也不敢妄斷。只好湊成兩首歪詩，作為西太后演義的尾聲。詩曰：

碑文未必盡荒唐，母后亡時清亦亡。
六十年來成一瞥，空憑遺感語滄桑。
已覆前車戒後車，婦人預政禍非虛。
寫殘禿筆留殷鑒，敢附稗官作郢書。

兩宮之崩僅隔一日，世人多疑詞，著書人就事論事，未嘗以無稽之言，羼入簡端，名曰小說，實同信史。是回前半敘帝崩事，多慘痛語，後半敘太后崩事，多譏諷語，借賓定主，徹始貫終。至若夢景迷離一段，並非無端附會，實是回顧首編，揭明作書之宗旨，西太后如是，非西太后亦何在不作如是觀也！富貴如浮雲，繁華等泡影，我敢援筆以紀其後日：是可作歷史小說、政治小說、社會小說及醒世小說讀。

電子書購買　爽讀 APP

國家圖書館出版品預行編目資料

慈禧太后演義，帝國暮年的權與術：亂世中的女皇，舊政與新綱的交鋒 / 蔡東藩 著 . -- 第一版 . -- 臺北市 : 複刻文化事業有限公司 , 2023.12
面； 公分
POD 版
ISBN 978-626-7403-74-7(平裝)
1.CST: (清) 慈禧太后 2.CST: 傳記
627.81　112020283

慈禧太后演義，帝國暮年的權與術：亂世中的女皇，舊政與新綱的交鋒

臉書

作　　者：蔡東藩
發 行 人：黃振庭
出 版 者：複刻文化事業有限公司
發 行 者：複刻文化事業有限公司
E-mail：sonbookservice@gmail.com
粉 絲 頁：https://www.facebook.com/sonbookss/
網　　址：https://sonbook.net/
地　　址：台北市中正區重慶南路一段六十一號八樓 815 室
Rm. 815, 8F., No.61, Sec. 1, Chongqing S. Rd., Zhongzheng Dist., Taipei City 100, Taiwan
電　　話：(02) 2370-3310　　傳　　真：(02) 2388-1990
印　　刷：京峯數位服務有限公司
律師顧問：廣華律師事務所 張珮琦律師
定　　價： 375 元
發行日期： 2023 年 12 月第一版
◎本書以 POD 印製